El ABC
del vino

Larousse

El A.B.C del vino

Jesús Díez

LAROUSSE

Dirección editorial: Tomás García Cerezo

Edición: Sergio Ávila Figueroa

Ilustraciones: Lourdes Guzmán Muñoz

Corrección: Gustavo Delgado Sánchez

Diseño y formación: Creativos SA

Coordinación de edición técnica: Jorge Ramírez Chávez

Diseño de Portada: Ediciones Larousse, S.A. de C.V. con la colaboración de Creativos SA

Fotografía: Jesús Díez, Shutterstock, Dreamstime.

© MMXII, Ediciones Larousse, S. A. de C. V.
      Renacimiento 180, Colonia San Juan Tlihuaca
      Alcaldía Azcapotzalco, C. P. 02400, Ciudad de México

ISBN: 978-607- 21-2059-4

Segunda edición, julio de 2022

www.larousse.com.mx

Impreso en México — *Printed in Mexico*

PRESENTACIÓN

El vino ha sido una presencia constante en la civilización occidental. Ya encontramos menciones al vino en las culturas más antiguas. Su presencia asoma en libros de la *Biblia,* en los versos de la *Iliada* y la *Odisea,* en los escritores de la antigua Roma, ya sean poetas como Horacio o prosistas como Petronio.

Del Medio Oriente el vino se extendió a toda la cuenca del Mediterráneo, se asentó en las orillas del Rin, cubrió el territorio de lo que hoy es Francia, alcanzó Portugal y fue más allá. Desde luego pasó a América y sentó sus reales en tierras de México, Chile, Argentina, Uruguay e, incluso, Estados Unidos. Más tarde llegó a lugares tan alejados como Australia, Nueva Zelandia y Sudáfrica.

Criar vinos es un arte. Degustarlos también. Como todo arte, para ejercer estas actividades es necesario contar con un bagaje que ha ido tomando cuerpo a lo largo de siglos. Pero como en todo arte, basta la voluntad y las ganas de adentrarse en sus detalles para saber apreciarlos.

El ABC del vino busca, precisamente, brindar los elementos necesarios para valorar el arte del vino y la cultura que lo rodea. En las páginas siguientes se plantean y responden preguntas básicas y determinantes. ¿Cuál es el mejor terreno para las viñas? ¿Qué papel juega el clima? ¿Qué cepas existen? ¿Cuáles son los procesos a seguir? ¿Cómo se logra la mejor maduración? ¿Cuáles son los diferentes tipos de vino? ¿Qué elementos hacen un buen vino? ¿En qué detalles se concentra el catador para evaluar las virtudes de un vino? ¿Qué vino es el conveniente para acompañar determinados platos?

Para todo esto (y más todavía) hay respuesta aquí, pero antes de entrar en materia, terminemos esta presentación con un par de estrofas de "Copas al vino", del poeta chileno Nicanor Parra:

> *¿Hay algo, pregunto yo,*
> *más noble que una botella*
> *de vino bien conversado*
> *Entre dos almas gemelas?*
>
> *el vino tiene un poder*
> *que admira y que desconcierta,*
> *transmuta la nieve en fuego*
> *y al fuego lo vuelve piedra.*

Dicho esto, sólo queda alzar la copa y desear salud.

Contenido

Foto: Jesús Díez.

Imaginen un líquido capaz de transportarnos a lugares insospechados, desconocidos o creados por nuestra imaginación, de extraer los recuerdos atrapados en nuestra memoria gracias a sus aromas. Pensarán que este brebaje es mágico, noble, que ayuda a relajarnos y ver las cosas de la mejor manera, a entablar tertulias interminables con amigos nuevos y eternos. Seguramente han adivinado que tal brebaje maravilloso es el vino.

El campo y la vid

Vitivinicultura (la difícil palabra vitivinicultura)

Aunque esta palabra parece un trabalenguas, mucho nos ayuda a comprender las áreas que participan en la elaboración de vinos.

La palabra *viticultura* se relaciona con la formación y el cuidado de las plantas de vid (también llamadas *cepas*). Esta área resulta muy importante, pues aquí es donde se genera la calidad de los vinos. Es por eso que, siempre que hablamos de la calidad de los vinos, nombramos la cosecha y se añade que hay unas mejores que otras según el clima del año. A los encargados del área de campo se les llama *viticultores*.

Por otro lado, tenemos la *vinicultura*, que consiste en el arte de hacer vinos. La llevan a cabo los enólogos, una vez que la uva ha sido cosechada.

Si consideramos lo anterior, las vinícolas que tienen viñedo y elaboran vino se llaman *vitivinícolas* y, por lo tanto, realizan *vitivinicultura*.

La creación de un vino es la perfecta integración del campo con el sentir del hombre (Clos Apalta, Chile). Foto: Jesús Díez.

Un poco de historia

Si nos remontamos a los inicios de la civilización, poco después del momento en que nos hicimos sedentarios, veremos que empezó a practicarse el hábito de beber vino elaborado por la cosecha de nuestras uvas. De no haber sido así, no tendríamos las plantas de vid como hoy las conocemos, pues se trata de una planta que ha dejado de lado su ser silvestre porque el hombre la ha adaptado para extraerle toda su calidad.

Dentro del género de mayor importancia, que se denomina *Vitis*, la especie más conocida es la *Vitis vinífera*, de origen europeo, uva con la que elaboramos los vinos. Los tipos diferentes que se conocen hoy en día rebasan los mil. Entre las más conocidas tenemos Cabernet sauvignon, Merlot, Tempranillo, Pinot noir, Syrah, Chardonnay y Sauvignon blanc. Les llamamos comúnmente *varietales*.

Existen otras *Vitis* que se usan en injerto, es decir, se unen a las *Vitis vinífera* para mejorar la calidad, adaptarse al suelo y resistir el ataque de los insectos. A estas *Vitis*, en su mayoría de origen americano, se les llama *portainjerto*, mientras que los varietales reciben el nombre de *injerto* o *púa*. Con estos dos elementos formamos las plantas actuales de los viñedos del mundo.

Los primeros bebedores de vino de los que tenemos noticia fueron los sumerios, que vivían en lo que hoy es Irak, Turquía, Armenia y Siria, entre los ríos Tigris y Éufrates. De ahí la viticultura o cultivo de la vid saltó a las orillas del mar Mediterráneo, primero con los acacios y luego con los hebreos, que eran grandes agricultores. El siguiente paso fue llevarlo a toda Europa y África mediterránea, y los encargados de hacerlo fueron los fenicios, grandes navegantes de su época, que en sus travesías llegaron hasta Portugal, uno de los países con más tipos de vid del mundo.

Talla egipcia antigua. La diosa Isis sostiene dos tarros de vino con los ankhs sagrados. Pared del templo de Ramses II en Abidos, Egipto.

En la Grecia antigua la vid arraigó de manera mágica. Gracias al consumo cotidiano, todo el mundo bebía vino y de ello obtenía innumerables beneficios, como un mejor y más veloz funcionamiento del cerebro, o consumía los famosos tónicos, que eran preparaciones de vino y hierbas, en las que el vino se empleaba como diluyente de los compuestos medicinales.

Más tarde los romanos integraron el consumo del vino a la cultura europea, estableciéndose las más grandes e importantes zonas de cultivo. El consumo en Europa creció rápidamente, ya que el vino proporcionaba seguridad a los que lo bebían en tiempos de las pestes. De Europa brinca a nuestra América y comienza su desarrollo en México, para subir a Estados Unidos y bajar a Sudamérica.

La planta de vid

¿Qué es la viticultura?

Cuando se habla de vino, resulta imprescindible hablar de la *viticultura*. Esta palabra engloba todo lo que se relaciona con el cultivo, cuidado, reproducción, crecimiento, formación, maduración y cosecha de la uva. Los viticultores son los encargados de escoger la uva adecuada para determinado tipo de suelo, ya que no puede plantarse cualquier uva en cualquier clima, sino que es mejor seleccionar una adaptada. Por ejemplo, si se quiere plantar una uva Riesling, típica de climas fríos, en México o Italia, que tienen un ambiente cálido, ésta no se desarrollará de manera adecuada. Así, el primer paso consiste en determinar qué tipo de vid se debe plantar en qué clima.

Otra consideración importante se desprenderá del suelo en el que se plantará la vid, ya que su composición indicará el tipo de injerto y portainjerto que será necesario emplear.

Una vez seleccionado el varietal o uva y analizado el suelo, pasemos al crecimiento de la vid y su formación. Para darles una formación apropiada, las plantas de vid tardan en crecer entre tres y cinco años, mismos que demoran en dar una uva de calidad adecuada para realizar vino. La formación que se le da a las plantas se llama *conducción* (forma que tendrá el viñedo) y ésta será la indicada para el clima, el suelo y el tipo de vid, con el objeto de que su desarrollo sea perfecto. Todo esto lo decide el viticultor después de estudiar todo lo relacionado con el medio ambiente en el que crecerá la planta.

El meristemo terminal o ápice es la parte de la vid que genera el crecimiento de los sarmientos.
Foto: Jesús Díez.

Uno de los detalles más importantes radica en la poda llamada "de formación", ya que adaptará la planta de la vid de acuerdo con el clima, el agua y el tipo de uva. En cuanto a los tipos de podas, entre las más comunes mencionaremos las que van sobre una guía, que recibe el nombre de *espaldera*, constituida por postes y alambres en línea con las plantas intercaladas entre los postes. De esa manera, el viñedo estará formado de muchas líneas de postes unidos por alambres, y en la misma línea las plantas de vid que crecerán para tener como soporte los alambres. Una vez conformada la guía de postes y alambres, es posible guiar las plantas de diferentes maneras, por un lado, las que tienen dos brazos, uno a cada lado, llamada "doble cordón", y por el otro las que tienen un solo brazo, cuyo nombre es "cordón simple" o "cordón unilateral". La altura de las plantas también tiene importancia, ya que cuanto más húmedo sea el terreno, a mayor altura deberá estar la planta para alejar el fruto y las hojas del suelo, y de esa manera evitar que la humedad los afecte. Este tipo de conducciones y podas se utilizan en todo el mundo moderno de la viticultura y sirven para

La formación en forma de brazo soporta los nuevos brotes o yemas en la vid (vid en primavera).
Foto: Jesús Díez.

mecanizar los viñedos, es decir, contar con la oportunidad de usar máquinas cosechadoras y realizar otros trabajos, como el riego por goteo.

Existe otro tipo de poda que no usa postes y alambres para soportar las plantas, pues éstas se soportan a sí mismas gracias al corte que se les hace. La más famosa se realiza en La Rioja, llamada "poda de vaso", en la que se dejan crecer tres o cuatro brazos libres y de ahí se sacan los nuevos retoños para que den uva año tras año. Este tipo de poda se lleva a cabo cuando los viñedos se hallan en terrenos conocidos como "secano" o "de temporal", lluvia de temporada, a diferencia de los que reciben agua por goteo.

Como puede observarse, tanto la formación como la poda están ligadas al clima y sus diferencias, y por ello encontraremos podas diversas en los diferentes lugares del mundo, lo que será determinante para obtener una calidad del vino alta.

¿Para qué nos sirve la viticultura?

La viticultura busca que el crecimiento de las plantas, la absorción de agua y nutrientes, así como el rendimiento y maduración de las uvas, sean los adecuados para obtener frutos de la mejor calidad posible, propicios para que el enólogo haga buenos vinos en la vinícola.

La viticultura también vigila los rendimientos, pues los vinos de consumo cotidiano o económicos contarán con una producción de uva mucho más elevada que los vinos que pretendan ser de alta calidad. Esto se controla durante la poda al dejar un número no excesivo de brotes nuevos, a fin de que la planta logre alimentarlos a la perfección. En muchos casos, si el número de racimos que maduran es excesivo, se realiza un "raleo", que consiste en eliminar

Conducción de viñedo en forma de vaso, sin postes ni alambres (Ensenada, Baja California, México). Foto: Jesús Díez.

racimos para que queden los que tengan mucho mayor concentración, expresión y calidad, con el contratiempo de que el volumen bajará y el costo seguramente se incrementará.

Una uva con buena insolación tiene buena carga de color, por eso el aclareo, que consiste en quitar hojas para que el racimo se insole, es una mecánica adecuada en el viñedo. Foto: Jesús Díez.

La viticultura también vigila que las plantas rejuvenezcan año con año gracias a los cortes o podas, y así se obtiene uva de calidad en todos los ciclos de maduración. Si hay buen cuidado durante muchos años, al final se tendrán plantas vetustas que ofrecerán menos cantidad de uva, pero de una calidad inmejorable.

Otro de los objetivos importantes de la viticultura consiste en encontrar el punto óptimo de la maduración de la uva, y con ello sus componentes más importantes para hacer vino: azúcar, acidez, tanino, aroma y color; éstos varían considerablemente de acuerdo con la madurez de la uva y dan como resultado vinos de muy diferentes estructuras y gustos.

En resumen, sin viticultura no se tendrían plantas adecuadas, capaces de dar uvas maduras y sanas para elaborar vinos de calidad. Éste es el paso más importante en la elaboración de vino, ya que sin una buena materia prima es imposible hacer un producto final de calidad. Por eso hay que observar de cerca cómo cuidan los viñedos los productores de vino y cuál es la importancia que les dan, porque de ahí surge toda la calidad que es capaz de expresar un vino.

Uvas o varietales

Hoy en día conocemos muchos tipos de uvas, también llamados *varietales*. De hecho, cada región o país tiene sus gustos definidos por ellas, según el clima y el suelo que se tenga. Para empezar a entender los vinos desde otro punto de vista, haremos un rápido recorrido por los países y las uvas que mejor producen.

Europa tiene una diversidad infinita de tipos de uva. En América tenemos un par de ellas reconocidas como autóctonas y, aunque son de origen europeo, la adaptación ha sido magnífica a nuestras tierras. Son la uva Misión o Mónica, llamada Criolla o País en el sur de América, que no ofrece vinos de mucha calidad, y la Carmenere, uva casi desaparecida en Europa, pero que en Chile se ha recuperado y ofrece espectaculares vinos.

Si hacemos un recuento de las más importantes de cada país, tendremos un concepto de las uvas con mejor desarrollo en cada uno y, de esa manera, cuando vayamos a un restaurante pediremos productos de ellas sin tener que acordarnos de las etiquetas.

Empezaremos con tres uvas universales. De origen francés, las hallamos en cualquier parte del mundo, se dan perfectamente bien en todos los países. Sus nombres son Cabernet sauvignon, Merlot y Chardonnay. Ya que estamos en Europa, nombraremos algunas otras uvas francesas como la Pinot noir, Sauvignon blanc y, por supuesto, la famosa Syrah, que en algunas zonas del mundo llaman Shiraz.

En los monasterios se desarrollaban los mejores vinos debido a que la altura a la que se encontraban aislados y el cuidado que los monjes ponían en la elaboración, hacía que los vinos fueran superiores en calidad.

Si se quiere probar un vino español, lo mejor es seleccionar la uva que mejores frutos da. La Tempranillo, autóctona de España, es indudablemente la mejor de La Rioja o Ribera del Duero. Otras uvas importantes son la Palomino, con la que se hacen los vinos de Jerez, y la Garnacha, originaria de este país, pero extendida por muchas partes de Europa y que incluso ha llegado a Australia.

El vecino Portugal, con sus grandes Oportos, tiene como uva base la Touriga nacional, entre otras. Italia, sus Nebbiolo, Barbera y Sangiovese, con sus peculiares notas minerales tan conocidas. En Alemania tenemos la Riesling y la Gewürztraminer, ambas de gran carácter aromático a frutos tropicales y flores. En Suiza existe una uva de nombre Chesselas que, como es la primera que madura en Europa, se toma como referencia para las demás al contabilizar los días de maduración después de ésta.

Nuestra siguiente parada es en América, donde la uva, junto con el olivo y la caña de azúcar, llegó con los conquistadores. El primer país en lograr un cultivo de la vid importante fue México. Ya se hablaba de que en 1536 existían viñedos en Guanajuato y Puebla. También entre nuestros tesoros contamos con la vinícola más antigua de elaboración en el continente: la Casa Madero, en Parras, Coahuila. En nuestros días tenemos uvas que se desarrollan de manera magnífica. Empecemos por Coahuila, donde la Shiraz ha encontrado un oasis en medio del desierto. De ahí vayamos hasta la zona de producción más importante, la de Ensenada, Baja California, en donde las uvas que mejor aclimatación han tenido son Nebbiolo, Barbera y Tempranillo, entre otras, porque los varietales son tan adaptables a nuestro territorio como los extranjeros que nos visitan: ninguno quiere irse. En Estados Unidos tienen uvas bien conformadas a los climas de sus costas, como la Cabernet y la Chardonnay, que son incomparables, pero la varietal insignia de la zona Californiana es la Zinfandel, elegante, aromática y potente, magnífica en la sinergia con alimentos. Al norte de ese país, sobre la costa del Pacífico, en Oregon, la adaptación de la Pinot noir es única.

Si cambiamos la franja del vino en la zona norte, donde se encuentran México, Estados Unidos y todos los países europeos, nos trasladamos a la franja del vino sur, en donde algunos países elaboran vinos de la más alta calidad, como Argentina, con su uva insignia, la Malbec, cultivada en zonas de mucha altura, poco común para los viñedos. En Uruguay cuentan en particular con su uva Tannat, de espectro potente y carnoso. Del otro lado de la cordillera, en Chile, con infinidad de microclimas y por ello adaptación perfecta de las uvas, la varietal autóctona se llama Carmenere, de la que resultan vinos de gran color, expresión de frutos y frescura en la nariz.

Siguiendo la ruta de Magallanes-Elcano, navegaremos el Pacífico hasta llegar a Australia, en donde la uva Shiraz se ha ganado un reconocimiento casi total. Los vecinos de Nueva Zelanda, con un clima más frío y los viñedos más australes

Sudáfrica, mágico lugar de unión, como la unión de dos océanos, de razas, de ideologías, y para los vinos, la unión de dos uvas como la Pinot noir y Cinsault para crear la famosa Pinotage, uva autóctona de estos parajes.

del mundo, cultivan un Sauvignon blanc con aromas dignos de cualquier fruta tropical. Finalmente, llegamos al cabo de Buena Esperanza, en donde dos océanos se unen, el Atlántico y el Índico, y crean microclimas perfectos para la viticultura y desarrollo de la uva Pinotage, autóctona de Sudáfrica.

Con este recorrido sabremos pedir los vinos por uva, y con seguridad vamos a obtener las mejores producciones de cada país.

Varietales en el mundo

Cada varietal tiene características singulares y particulares. Por ello, saber un poco de cada uno ayuda a reconocerlos con facilidad a la hora de la cata. Si se hace un recorrido por los más famosos, encontramos nueve tintos y tres blancos.

Cabernet sauvignon

Se trata de la uva más extendida por el mundo, posiblemente por su facilidad de adaptación y por la resistencia que le otorga la piel gruesa. Su origen es la región francesa de Burdeos, en donde la unión de dos uvas como la Cabernet franc y la Sauvignon blanc dieron lugar a esta conocida variedad.

Se le aprecia por sus taninos de gran elegancia y corpulencia en vinos varietales, de uva única que da estructura y señorío, además de que también sirve de base para vinos de mezcla o coupage en el mundo. Sus racimos son de buen tamaño y forma característica con hombros, bayas negras y esféricas, con buena carga de color. En ocasiones proporciona aromas de pimiento verde cuando no está maduro.

El carácter aromático del vino muestra tendencia a las flores como la rosa y la violeta, frutas como arándanos, cerezas y moras, café y pimiento verde. Con reposo sobre madera, obtenemos incienso, regaliz, trufa.

La Cabernet sauvignon se reconoce por la forma de su racimo y hoja, que tiene cinco brazos o lóbulos, los cuales se solapan formando un par de cavidades llamadas senos u "ojos", muy característicos en esta uva, notorios en la hoja posterior al racimo.

Merlot

La uva Merlot es una de las más extendidas en el mundo. Su elegancia y sutileza ayudan a que los nuevos consumidores entren en este maravilloso mundo. Originaria de la zona de Burdeos y adaptada en todo el mundo de manera perfecta, da uvas de color azul con tendencia al negro y, posiblemente por ello, su nombre es parecido al mirlo, cuyo plumaje muestra tonos similares. Se cultiva de magnífica manera en la orilla derecha del estuario de la Gironda, en donde se dan vinos de Merlot espectaculares; también en Napa y el norte de Italia son reconocidos por su gran calidad. La Merlot es una uva de magnífica sinergia con otras uvas, en particular con la Cabernet sauvignon, también procedente de Burdeos. Por su origen, a la mezcla de estas dos se le llama "mezcla bordalesa".

Pinot noir

Una de las uvas más elegantes y de mayor cuidado en el mundo, gustosa de climas frescos para desarrollar vinos elegantes, como en la famosa región de Borgoña, en donde su estirpe se ha formado durante años, aunque también ha tenido arraigo de manera espectacular en el Pacífico estadounidense (específicamente en la zona de Oregon y Sonoma), en Alemania y en Nueva Zelanda. Las bayas son pequeñas, de color negro con visos violáceos, poca carga de color (de ahí que su tonalidad en copa sea media) y aromas a cereza y bosque bajo, como musgo y champiñón.

Su desarrollo en la zona de Champagne, en Francia, es tan importante que forma parte de casi todos los vinos de segunda fermentación en botella de la zona.

Syrah

Mucha es la historia que ha tenido esta uva desde sus orígenes. Se cree que los fenicios la llevaron hasta Sicilia y de ahí dio el salto a la región fresca del valle del Ródano, en donde empezó su viaje a los confines del mundo para desarrollarse de manera majestuosa. Le llaman Syrah cuando se da en climas fríos y Shiraz cuando está adaptada al clima más cálido, lo que redunda en vinos de concepto muy diferente.

De baya mediana, cilíndrica y color azulado, nos da aromas a tabaco y mora.

Es una uva de moda trabajada en casi todos los países de rendimiento alto y gran calidad, tanto en climas fríos, como en Chile, o en zonas cálidas de México y Australia.

La uva Syrah es una de las más reconocidas y gustosas en nuestro mundo moderno del vino, por sus elaboraciones de color intenso, profundo, espectacularmente violáceo y su carga frutal es una de las más abundantes y fantásticas del mundo.

La uva temprana o Tempranillo, llamada así por su maduración prematura dentro de algunas zonas, confiere notas especiadas y gran carga de fruta que es ideal para las carnes a la brasa.

Tempranillo

Es la típica uva de España, con acepciones tan diferentes como Tinta del país o Cencibel en toda España. Se utiliza para vinos de guarda, de gran expresión y potencia. Su piel es gruesa, de color azul profundo, con aromas especiados y frutales. Su nombre se debe a que se trata de una uva temprana en madurar, por eso le llamaban las tempranilleras.

Su desarrollo en climas templados y frescos es magnífico para elaborar tintos de gran color, aroma y tanino. En zonas como La Rioja existen más de 500 fenotipos diferentes. En el mundo se desarrolla en Argentina, México y Australia. En muchos casos sirve de buen soporte para la mezcla de uvas.

Garnacha

Es una uva de origen español de ciclo tardío, por lo que requiere tiempo para madurar. Se caracteriza por ser vigorosa, productiva y adaptable a suelos arenosos.

Su racimo es cónico, con bayas medianas de color rojo oscuro, muy resistente al frío y a la sequía. Produce vinos de poco color, pero con alto grado alcohólico, de combinación perfecta con otras uvas.

Los vinos de Garnacha suelen ser de buena acidez y estructura alcohólica. En muchas regiones dan los mejores rosados del mundo, como en Navarra y las costas del Mediterráneo francés.

Cuando las plantas son viejas, la producción baja y la calidad sube, y se obtienen algunos de los vinos más impresionantes de la zona del Mediterráneo, con aromas a frutos rojos en su juventud y de chocolate en su vejez.

Nebbiolo

Típica uva de Piamonte, de la que se hacen algunos de los vinos más famosos del mundo. Su nombre proviene de la característica climática de niebla en el norte de Italia: "nebbia".

Es de maduración tardía, por lo que en zonas calientes como México tiende a dar aromas de fruta negra muy madura. Es susceptible a plagas y propensa a oxidarse, por lo que se notará en los vinos un halo de color teja.

Existen vinos de corte joven y vinos de gran guarda, por lo que la elección de la cosecha es importante, pues ofrecen variados aromas.

Malbec

Originaria de la zona de Burdeos, pero usada poco en sus vinos, emigró a la zona sur de América, en donde se ha convertido en uva insignia de Argentina, con elaboraciones en verdad diferentes a las del viejo mundo y virtudes inimaginables en cuanto a potencia, longevidad y elegancia.

Sus racimos son de tamaño mediano y sueltos en sus bayas, las cuales son esféricas, medianas, de color azul negruzco con piel delgada y llena de color.

En la zona argentina, la altura sobre el nivel del mar constituye un factor especial para la maduración tánica de la uva, así se obtienen vinos de gran acidez y taninos sutiles.

Además de Argentina, también se hacen magníficos vinos en Chile, Estados Unidos y Australia.

Carmenere

Considerada originaria de Burdeos, se cultivaba con gran amplitud, pero durante los problemas de la filoxera desapareció casi por completo. Halló un refugio desconocido en Chile, cuando en 1994 Jean-Michel Boursiquot la redescubrió.

Su color es rojo violáceo profundo, con aromas de pimentón, chocolate, bayas rojas y especias, con algunas notas vegetales.

Los suelos arcillosos son los mejores para su cultivo, cuando están drenados, como los de los valles de Cachapoal, Maipo, Colchagua, Rapel, por mencionar algunos.

Chardonnay

Es la uva blanca más extendida en el mundo. Su poder de adaptación y el gusto de los consumidores han hecho que se extienda a todos los valles del mundo, dando como resultado elaboraciones en especial aromáticas en el nuevo mundo, así como sutiles y elegantes en las zonas tradicionales.

Es originaria de la zona de Burdeos. Halló su adaptación perfecta en Borgoña, donde sin lugar a dudas se elaboran los mejores vinos con esta cepa. Sin embargo, no hay que dejar atrás los neozelandeses, estadounidenses y mexicanos, con representantes muy importantes.

La uva Chardonnay es mundialmente conocida por su elegancia y gran expresión de fruta y flores, por ello es elegida en todo el mundo para elaborar vinos de todo tipo: espumosos, tranquilos y en algunos casos generosos.

La uva es de tamaño pequeño y forma racimos de medianos a pequeños. Cuando se elabora adquiere características de color como el del melón, con aromas provenientes del suelo y la madera, conjugados con las frutas tropicales particulares en la uva.

Sauvignon blanc

Variedad vinífera procedente de Burdeos, de baya mediana y racimo redondo. Es, después de la Chardonnay, el varietal blanco más difundido en el mundo: llega a latitudes australes como Nueva Zelanda. Da vinos exóticamente frutales, con aromas como lichi, carambola, maracuyá, guayaba, plátano, unido a flores blancas, elegantes y sutiles, de gran acidez.

En la zona americana del sur, en climas fríos como las costas chilenas, da vinos expresivos y llenos de olor a fruta, con gran acidez, muy diferentes a la expresión francesa.

Otros países de producción como Australia, Sudáfrica o España, expresan la elegancia de esta uva en estilos muy diferentes.

Riesling

Se cree que la cuna de la Riesling es la zona alemana del Rheingau, en donde se elaboran grandes vinos con esta uva. No obstante, es en Francia donde su expresión es realmente infinita, con vinos excepcionales, aromas de cítricos, como limón verde, manzana, durazno, flores blancas, y un aroma peculiar a queroseno o lanolina.

Fuera de Alemania o Francia, esta uva se desarrolla en climas fríos y da vinos expresivos, en muchos casos sobremadurados, llamados de "cosecha tardía" muy apreciados por los conocedores.

El potencial de envejecimiento en barrica y su gran acidez hacen de esta uva la gran blanca desconocida, de grano mediano, racimo alargado y color dorado.

El suelo o terruño (la importancia del terruño)

El terruño constituye un factor muy importante, tanto que los mejores vinos del mundo se distinguen por el tipo de suelo en el que están plantadas sus vides, tan trascendente que en algunas zonas de viticultura, como Borgoña, lo destacado, lo que da la clasificación o categoría al vino es el suelo o terruño, y no la bodega, como en otros casos.

Los suelos, como en todos los cultivos, deben tener alguna peculiaridad para que las plantas se adapten en éstos. Por ejemplo, los mangos, el maíz y la uva necesitan un clima y un suelo diferentes para alcanzar su máxima expresión.

El aspecto más sobresaliente a considerar es que mientras en otros cultivos la riqueza del suelo determina la calidad, en la uva la escasez de nutrientes ofrece el perfecto hábitat para que la vid nos dé la máxima calidad. Cabe señalar que el suelo debe contener la menor cantidad posible de materia orgánica, es decir, de abono, ya que con mucho abono las plantas se vuelven holgazanas y no dan calidad.

La misma óptica se aplica al agua: mientras la planta de vid se mantenga en un estrés adecuado, incluso sufriendo por momentos, la calidad de las uvas se elevará de manera importante. El objetivo es que las plantas de vid busquen el agua por medio de sus raíces y profundicen en los diferentes perfiles del suelo, a fin de lograr un mayor crecimiento, variedad de nutrientes, sujeción al suelo y un volumen de reservas más amplio cuando la planta reposa durante el invierno.

Los suelos se encuentran ligados de manera perenne al clima; proporcionan características únicas sobre las uvas en las diferentes zonas del mundo (Valle de Guadalupe, Baja California, México). Foto: Jesús Díez.

Los suelos se clasifican en muchos tipos. Aquí los veremos de manera práctica para entenderlos con facilidad. En primer lugar, hablaremos de la composición del suelo, es decir, de los minerales que pueden contener, como silicatos, óxidos, cloruros, sulfatos con elementos como calcio (Ca), sodio (Na), potasio (K), nitrógeno (N), etc., que le sirven a las plantas para diferentes actividades, como transportar fluidos, generar hojas, realizar la fotosíntesis y otras más. En segundo lugar, cabe hacer referencia a la característica física del suelo, que tiene que ver con que el terreno sea arenoso, arcilloso, limoso, pedregoso, mixto, etc. Cada zona, según su origen, evolución y erosión, presenta una estructura diferente. Por eso, en la ribera del Duero se encuentran muchas piedras de río o cantos rodados en el viñedo, en Ensenada, México, zonas de mucha arena y granito y en Francia, arcillas calcáreas.

Finalmente, hay que ir unos metros bajo la tierra para encontrar los diferentes perfiles o capas de los terrenos, formados por placas superpuestas de material. Estas capas pueden ser de composición y características físicas diferentes, con lo que el suelo gana versatilidad y los nutrientes y la retención del agua serán diversos.

La composición del suelo pobre, sus elementos y estructura proporcionan a la vid estímulos para dar cada año mejor producto (Viñedo en Cachapoal, Chile). Foto: Jesús Díez.

Orientación

La orientación es de suma importancia en un viñedo, porque de ésta depende que la maduración de la uva sea perfecta o incompleta. Por esa razón, los viñedos que se encuentran en mejor situación obtienen una mayor virtud sobre la calidad, en contra de los que no tienen una buena orientación. Es tan importante este factor que en algunas colinas de Europa vemos una de las laderas completamente llena de vid y otra ausente de ella.

Las plantas en un viñedo siempre se alinean de norte a sur, es decir, las líneas formadas por las plantas llevarán la misma dirección que los meridianos. Gracias a ello, un costado del viñedo siempre queda con orientación Este (salida del sol) y el otro Oeste (ocaso del sol), con lo que se ganan horas del astro rey sobre las uvas y se alcanzan la madurez y los compuestos necesarios para hacer un vino.

Una buena orientación en los viñedos proporciona una insolación adecuada, lo que se traduce en una buena maduración y calidad.

Las franjas del vino

Otra característica ineludible es el clima de cada región, pues afecta de manera directa las plantas de la vid y año con año imprime una variación en la maduración y la calidad de las mismas, lo que repercute de manera directa en el vino. Es por ello que los vinos se clasifican por sus añadas.

El clima adecuado se encuentra reducido a dos zonas, una en el hemisferio norte y otra en el hemisferio sur del globo terráqueo. En la parte norte se encuentra entre las latitudes 30 y 50, mientras que en la sur está entre las latitudes 30 y 40. Dentro de estas franjas se localizan todos los países productores de vino: Portugal, España, Francia, Italia, Alemania, Estados Unidos, México e incluso China, en el norte; Argentina, Chile, Uruguay, Sudáfrica, Australia y Nueva Zelanda, en el sur. En estas franjas se encuentran las mejores condiciones para desarrollar la viticultura y obtener las mejores uvas destinadas a brindar calidad superior en los vinos. Podemos considerar estas zonas como un gran microclima, por supuesto con sus microclimas internos a los que se deben las grandes diferencias en los vinos.

Fuera de tales franjas, la viticultura y calidad pueden hallarse en zonas específicas que reproducen a la perfección las condiciones de las franjas del vino para conseguir uvas de calidad.

Pero, ¿qué condiciones climáticas debe tener un buen lugar de viticultura? Entre muchas otras, existen dos variables importantes. La primera es la temperatura entre el día y la noche durante la época de maduración. En el día la temperatura debe ser elevada, rondando entre los 30 y 34 °C, para que las vides maduren y realicen la fotosíntesis, con lo que acumulan muchos azúcares en la uva y otros compuestos. La temperatura en la tarde y noche debe caer bruscamente hasta los 14 o 13 °C como media, lo que ayuda a la planta a descansar su metabolismo y acumular condiciones importantes como la acidez, indispensable para el equilibrio de los vinos. Por ello, el mayor diferencial térmico entre el día y noche en el verano hace una gran diferencia en la calidad de las uvas, en contraste con los lugares en los que la temperatura no disminuye por la noche. A este clima suele llamársele "mediterráneo", que es el que impera en casi todas las zonas dentro de las franjas del vino.

Las franjas del vino son las zonas de climatología ideal para el desarrollo de la uva de vinificación. Las dividimos en franja norte y franja sur.

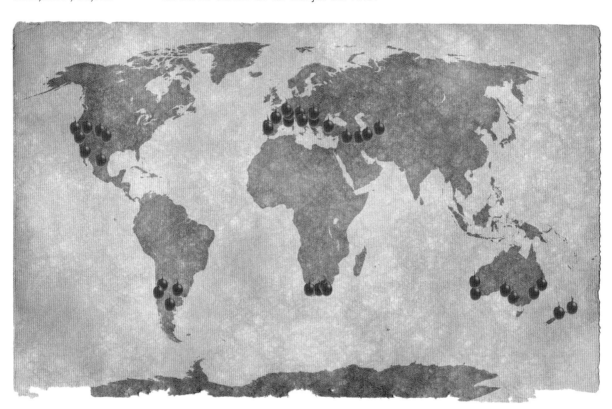

Como detalle técnico, en México algunas zonas de producción se encuentran fuera de la franja del vino, como en los casos de Coahuila, Zacatecas, Guanajuato, Aguascalientes y Querétaro, pero compensan la pérdida de latitud con altura sobre el nivel del mar (2 000 m), lo que da como resultado condiciones climáticas similares a las de la franja.

Importancia de la cosecha o añada

Ya se habló de la gran importancia del suelo, el tipo de uva y el clima. Ahora toca el turno de hablar de lo que se llama "estabilidad climática", que repercute en la calidad de las añadas y en las famosas tablitas que todos usan para elegir un vino.

La estabilidad climática es una característica que se da en las grandes cosechas o añadas. Consiste en que el clima de todo el año de crecimiento de la vid y la uva sea lo más estable posible. Esto quiere decir que mientras menos varíen las temperaturas hacia arriba o abajo en el día y la noche, la uva tendrá una mejor maduración y, por consiguiente, mayor calidad.

Uno de los grandes secretos de una gran cosecha es la estabilidad climática anual. Si ésta se cumple se tendrán uvas de mejor calidad para desarrollar vinos memorables (Andalucía, España). Foto: Jesús Díez.

De los años con temperaturas diarias que se mantienen constantes, sin subida de temperatura abrupta, como los llamados golpes de sol (cuando se eleva la temperatura cinco o seis grados durante cuatro o cinco días seguidos), o días nublados en exceso (con descenso de la temperatura por debajo de lo normal en el día y la noche), podemos decir que su clima ha sido estable y, con ello, la uva ha madurado lenta y constantemente para alcanzar su punto óptimo en el tiempo proyectado por viticultores y enólogos. Eso es estabilidad climática, y su resultado redunda en cosechas excelentes y, por ende, vinos majestuosos.

Cada zona tiene un clima diferente y temperaturas heterogéneas, por lo que cada una clasificará a sus uvas y vinos de manera particular. Una buena añada en Australia no tiene nada que ver con la misma añada en Argentina. Incluso una misma zona de cultivo, como La Rioja, puede presentar calidades de añadas diferentes entre La Rioja Alavesa y La Rioja Baja.

Como puede verse, la calidad de las uvas año tras año está a merced del capricho climático. Por ello, los vinos de diferentes años de la misma etiqueta tendrán su variación normal, de acuerdo con la climatología que les ha tocado e independientemente de la elaboración a la que hayan sido sometidos.

Las viñas viejas

Una de las maravillas de la naturaleza es que cuando las plantas se hacen viejas son más sabias, tienen menos racimos y los alimentan mejor. La acumulación de reservas en las plantas centenarias es mayor en sus abundantes raíces y logran concentraciones altas y equilibradas de sustratos que las encaminan a la baja producción de racimos, por lo que se obtiene una gran regularidad en las añadas, aunada con alta calidad derivada del equilibrio de concentraciones en la uva.

La viña vieja refleja cuidado en el campo, desarrollo de calidad en los racimos y estructura en los vinos. Una parra más antigua ofrece menor rendimiento con mejor calidad. Foto: Jesús Díez.

Las plantas de vid empiezan su producción entre los primeros tres a cinco años de vida, con racimos poco maduros y buenos para los primeros ensayos. En cuanto el tiempo pasa, la mano del hombre, la poda, el clima, los cuidados y las maduraciones empiezan a guiar a la vid hacia un incremento de su calidad. La cúspide llega después de los 50 o 60 años, cuando el volumen de uvas ha disminuido, pero la calidad se ha incrementado considerablemente. Estas uvas darán menos vino, pero de mayor calidad y precio.

Toques de la naturaleza sobre el racimo transmiten esencia de calidad. Insolación perfecta, ventilación ideal, sombra adecuada es lo que necesita un racimo para crecer sano. Foto: Jesús Díez.

Foto: Jesús Díez.

La vinícola

Elaboración de los vinos

Después de un bello recorrido por el campo, nos adentramos a la vinícola, lugar donde los enólogos hacen el trabajo de expresar lo que el terruño y la uva quieren mostrar, y por eso vale considerarlos artistas.

¿Qué es la enología?

La enología es el arte de hacer vinos con base en los conocimientos adquiridos durante la enseñanza universitaria o en el oficio, al realizar el trabajo diario. De hecho, antes de que surgiera la enología como materia de estudio, quienes hacían los vinos se llamaban *bodegueros* y ellos tenían, y tienen, porque todavía existen muchos, todo el conocimiento que la universidad no proporciona, como los comentarios de los antiguos productores, la herencia de sus antepasados, las enseñanzas del clima y el terruño durante años, la apacible observación de las uvas madurando en el campo, el golpe de los diferentes vientos en el año, las experiencias de la vinícola con años malos y buenos y, por último, haber probado en la vida muchos más vinos que cualquiera de nosotros. Como puede apreciarse, es un trabajo apasionante y de toda la vida, por ello muchas de las respuestas que no se encuentren en los libros podrán consultarse a estos grandes sabios de la interpretación de la tierra y el clima.

Los enólogos son artistas que expresan la naturaleza en una botella de vino.

Enología de campo

La enología moderna es aquella que, junto con la viticultura, trata de extraer la mayor cantidad de virtudes de una uva que ha terminado de madurar en el viñedo. Para saber si la uva está en su punto óptimo de maduración, los enólogos hacen varias comprobaciones muy sencillas, aparte de las pruebas de laboratorio, para constatar su conocimiento del terruño y sus vides.

Algunos elementos a tener en cuenta son:

- **Azúcar.** Es uno de los elementos de mayor importancia, ya que según la cantidad de azúcar que las uvas alcancen a almacenar será la cantidad de alcohol por producir. En otras palabras, cuanta más azúcar tenga, mayor el resultado de alcohol. Por ello, importa que a las uvas no les falte ni se excedan de los niveles adecuados para conseguir un vino agradable y equilibrado.

- **Acidez.** Otro punto determinante, quizás el más importante de todos, es la acidez. Se presenta en las uvas con algunos ácidos como el málico y el tartárico. Contribuye para que los vinos tengan armonía, un equilibrio en el que todos los componentes estén bien integrados, sean agradables y expresivos a la boca y, lo más importante, tengan longevidad en la botella. Sin esa acidez, los vinos tienden a ser decrépitos y con falta de espíritu.

- **Polifenoles.** Por último, los enólogos cuidan que algunos componentes o sustancias que extraemos de las uvas estén maduros para que no nos molesten en la boca. Todos ellos pertenecen a una familia que se llama *polifenoles*. Éstos son los responsables de que se nos seque la boca y la lengua con una sensación astringente o rasposa, como los taninos que nos ayudan contra el colesterol y contribuyen a que el vino dure muchos años, de que otros nos proporcionen los magníficos colores que vemos en los vinos, los llamados *antocianos*, y, finalmente, uno que recibe el nombre de *resveratrol*, que nos ayuda contra el envejecimiento por ser antioxidante. Aunque se trata de palabras difíciles, después de conocer sus beneficios bien vale la pena aprenderlas.

Los hollejos son las pieles de las uvas en las cuales están contenidos los secretos de la longevidad y salud llamados polifenoles.

Con una buena estabilidad climática es posible obtener un buen nivel de azúcar, una buena cantidad de acidez en la uva y unos polifenoles pulidos y maduros, todo ello gracias a la estabilidad en los climas de las zonas vitivinícolas.

Los nuevos alquimistas

Los enólogos son buenos conocedores del aspecto químico de la naturaleza. Utilizan sus conocimientos y dotes para tratar de entender lo que la naturaleza nos intenta enseñar, para extraerlo y ofrecerlo como regalos a la nariz y el paladar.

La tarea del enólogo consiste en intentar articular de la manera más sencilla la expresión de un terruño y una uva bajo su entendimiento molecular, y de esa manera hacer que sea un deleite al paladar el beber un vino, no una amalgama de conocimientos sin espíritu.

Para los enólogos, hoy en día, es obligatorio contar con conocimientos profundos de viticultura, ya que con ello pueden dirigir las plantas en el viñedo de tal foma que expresen los compuestos aromáticos y estilos que el enólogo quiere, no simplemente recibir uva sin tener el conocimiento de la historia que encierra. Así lograrán de verdad ser uno mismo con el terruño y la expresión del vino. Con la ausencia de lo anterior, sólo serán *winemakers*, hacedores de vino sin conocimiento de la expresión de la tierra.

Todos los aromas del vino proceden de los diferentes pasos que el enólogo realiza, en primer lugar con la selección de la uva de acuerdo con el suelo donde está plantada, ya que ello les confiere carácter aromático y estructura muy diferente. Otro de los pasos importantes es la maduración, ya que en ella van implícitos muchos elementos como el azúcar, los ta-

El enólogo es el artífice de trasformar la naturaleza de las uvas en expresión de un vino. Jacques Begarie, enólogo jefe de Casa Lapostolle (Chile), a la derecha, y Jesús Díez, a la izquierda. Foto: Jesús Díez.

ninos, los colores o antocianos y la acidez, para después entrar en proceso y tratar de extraer aromas diferentes con la temperaturas de fermentación, levaduras diferentes, métodos de extracción y equipo de bodega. Finalmente, el envejecimiento dará otros aromas según el tiempo, la barrica, el origen y el equilibrio del mismo vino. Si todo esto lo hacemos de manera correcta, con seguridad el vino será magnifico.

Las elaboraciones en todo el mundo son diferentes, con uvas particulares, climas y terruños cambiantes, y por ello se tiene una gran diversidad de vinos. Sin embargo, sí se pueden clasificar las elaboraciones si se atiende al tipo de vino que se realice.

Hoy en día, las vinícolas cuentan con la más alta tecnología, tanto en equipo, como en conocimientos, por ello los mostos se pueden trasformar en mejores vinos.
Foto: Jesús Díez.

Clasificación de los vinos

1. Vinos espumosos (aquellos que tienen gas carbónico)
    a. Método champenoise
        i. Champaña
        ii. Cava
        iii. Espumosos genéricos
    b. Método charmat
        i. Asti, prosecco, sekt
    c. Método de inyección
        i. Carbónico añadido
2. Vinos tranquilos (aquellos que en su mayoría son secos, llamados de mesa)
    a. Blancos
        i. Sin barrica
        ii. Con barrica
        iii. Fermentados en barrica
    b. Tintos
        i. Tintos jóvenes
        ii. Tintos potentes
        iii. Tintos añejos
    c. Rosados
        i. Con o sin gas carbónico residual
        ii. Con o sin azúcar residual
3. Vinos generosos (aquellos que tienen más azúcar residual o alcohol agregado en su composición)
    a. Con azúcar residual
        i. Cosecha tardía, icewine, botríticos
    b. Con adición de alcohol
        i. Jereces
    c. Con adición de alcohol y azúcar residual
        i. Oportos

Maduración

Antes de pasar a la elaboración, haremos un apunte acerca de la maduración de la uvas. Existen uvas que maduran más rápido que otras, por lo que debe jugarse con los climas a fin de intentar que todas las uvas llamadas de "ciclo corto" lleguen a su madurez perfecta. Hay que concederle especial importancia a tratar de conservar su acidez, pues éste será el elemento principal para mantener unidos los otros elementos.

La uva, como todas las frutas, al inicio de su maduración tendrá un contenido elevado de acidez y bajo de azúcar. Cuando se acerca a la parte media, los contenidos se igualarán. Hacia el final de la maduración, el contenido de azúcar será superior al de la acidez.

Los aromas siguen la misma evolución. Al principio son pocos los aromas que tenemos en la fruta, pero conforme madura éstos se vuelven volátiles y son más perceptibles.

El último punto a considerar, aunque únicamente para los tintos, es la madurez de su tanino. Éste dará una sensación muy astringente si cosechamos la uva al principio de la maduración, y una sensación muy sutil, suave, sedosa o dulce si se realiza al final de ella. Por eso es importante esperar en los tintos la maduración de tales compuestos.

Si se quiere elaborar un vino con alto grado de alcohol, se debe esperar a que la uva esté madura y con alto contenido de azúcar, con la contraparte de que se tendrá una baja acidez que no sería buena para un vino joven. Además, los aromas habrán cambiado de los frescos frutos rojos a los frutos negros maduros en los vinos tintos, y de los frutos cítricos a los frutos tropicales en los blancos.

Así pues, dependiendo el vino que se quiera elaborar, es de primera importancia fijar el punto óptimo de la uva al cosechar.

Los componentes de la uva son: el hollejo, de donde extraemos el color, aroma y los taninos suaves. La pulpa, de donde podemos obtener azúcar y aroma. Las semillas y el raspón o palillo, que nos darán tanino áspero. Pruina es la capa cérica que protege al hollejo y atrapa las levaduras del terreno.

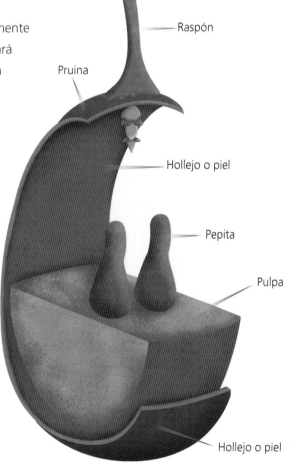

Raspón

Pruina

Hollejo o piel

Pepita

Pulpa

Hollejo o piel

El mosto rico en azúcares es
la materia prima o alimento
que la levadura necesita para
transformarla y obtener vino.
Foto: Jesús Díez.

Antes de la elaboración

Una vez que se ha fijado el momento de la recolección o vendimia con base en los parámetros de grado brix o contenido de azúcar en la uva, acidez presente y madurez de los compuestos polifenólicos, como los taninos, por observación en campo y análisis, comienza la recolección de la uva. Para esto se utilizan cuadrillas de vendimiadores o máquinas especiales para vendimia mecánica. En cada caso hay características diferentes para obtener mostos de calidad.

En todas las cosechas hay que tener en cuenta qué estilo y tipo de vino se quiere elaborar, por lo que una vez recogidas las uvas pasarán a un sistema de mesa de selección, en donde se quitarán los racimos en mal estado o que no alcancen la madurez adecuada, para después empezar con los sistemas diferentes de elaboración de blancos y tintos que nombraremos a continuación.

La vendimia manual proporciona una uva de calidad superior a la obtenida por vendimia mecánica.

Elaboración de vino blanco

Como primer punto, abordaremos la elaboración de los vinos blancos. Sus características son una buena acidez y aromas a frutos tropicales, cítricos y en ocasiones frutos secos, ya veremos por qué.

En primer lugar, debemos decir que los vinos blancos pueden elaborarse tanto de uva blanca como de tinta. Si la elaboración se hiciera con esta última, tendríamos que eliminarle la piel u hollejo para que no coloree nuestro vino.

La recolección nocturna y en cajas pequeñas ayudan a que los vinos sean más aromáticos y elegantes.

Recolección

El primer paso del proceso es la recolección de la uva. Para las blancas se hace de noche, con objeto de conservar aromas de varietal típicos de la uva. La recolección se realiza en cajas de 15 kilos para que la uva no se aplaste, pues si eso sucede puede empezar a fermentar por las levaduras presentes en su piel. Esta levadura es autóctona, indígena o del terruño donde está la uva, pero como no sabemos si es buena o mala trataremos de que la fermentación no empiece con ella.

La vendimia de las uvas y el pisado siempre han sido eventos especiales, ya que significan el inicio del nuevo vino. Antiguamente, las uvas eran prensadas por los pies de la gente, lo que hacía un estrujado suave (como lo representa este mosaico romano antiguo en la imagen de la derecha). Hoy tenemos ese mismo estrujado con la tecnología de las prensas neumáticas completamente automatizadas, como la que se muestra en la foto en la siguiente página.

Prensa

Una vez en la bodega, se introduce el racimo completo directamente a una prensa, llamada "prensa neumática", porque funciona por medio de aire a presión. Consiste en un cilindro grande con una goma de calidad alimenticia en su interior, la cual, para aplastar las uvas que estén en su interior, se infla con aire como la cámara de una bicicleta y extrae el jugo de uva, llamado *mosto*.

Los procesos varían y hay personas a las que antes de prensar les gusta separar la uva del racimo y quitan el palillo, raspón o escobajo, es decir, eliminan el esqueleto del racimo y se quedan con las uvas, que se estrujan y depositan en la prensa para seguir el mismo proceso.

En el momento que la prensa se encuentra estrujando las uvas, el mosto o jugo empieza a escurrir y sale de ese gran cilindro por pequeñas ranuras de las que escapa solamente el líquido. Dentro de la prensa quedan las semillas y la piel u hollejo, por lo que funge como un colador y, si la uva es tinta, no manche de color a nuestro mosto. En este momento comienza el cuidado de este último ante la oxidación y otros detalles con objeto de que no pierda aromas y color. Para que no empiece a fermentar antes de tiempo, se adiciona un compuesto conservador llamado *sulfito*.

Limpieza o desfangado

El mosto que escurre se traslada a un tanque para contenerlo y limpiarlo. Se le deja reposar por algunos días para que las sustancias más pesadas caigan al fondo y se retiren antes de fermentarlo. Con eso se evita que la levadura se nutra de sustancias no deseables. Terminado el proceso, se transfiere el mosto a otro tanque de acero inoxidable para que, ahora sí, empiece la fermentación.

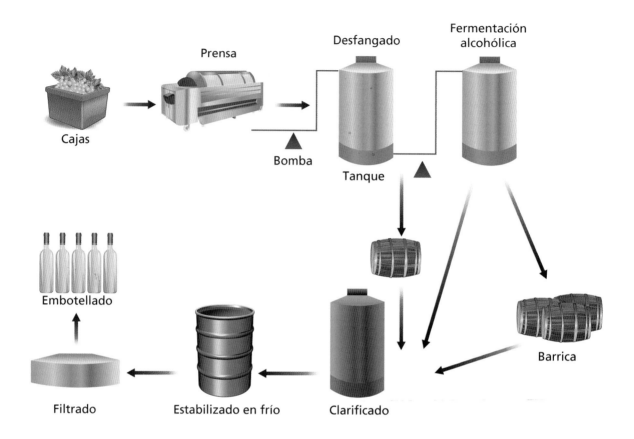

Esquema del proceso de
elaboración del vino blanco.

Fermentación

La fermentación del mosto se realiza en un tanque de acero inoxidable por medio de una levadura que consume azúcar generando alcohol y gas carbónico. El elaborador puede escoger esta levadura para que produzca aromas elegantes y sutiles que por experiencia sabe que produce. No es lo mismo que se deje a las levaduras de campo realizar esta labor, pues no se conoce cuál es la que fermenta y eso puede llevar al vino a aromas no muy agradables, incluido el ácido acético, es decir, vinagre. La temperatura de fermentación suele ser de 14 a 18 °C para un blanco, con lo que se extrae su mayor carácter aromático.

La fermentación llega a su fin cuando la levadura no tiene más alimento, cuando se termina el azúcar. Esa es la razón por la que se afirma que los vinos en su gran mayoría son secos.

Diferentes procesos

Ahora que ya se obtuvo vino blanco, se siguen tres procesos para terminar la elaboración. Éstos tienen características diferentes.

Vino blanco sin barrica

Para continuar el proceso de elaboración del vino blanco que ya se obtuvo, se debe tratar de que no pierda sus características de frescura y acidez. Esto se logra si no se introduce el vino en una barrica. De esa manera se gana que los aromas del vino se conserven frescos, con notas de frutos cítricos y flores blancas, así como con alta acidez. Lo que se hace en ese momento con el vino es estabilizarlo en frío (que consiste en quitarle las sales naturales en exceso que se hayan precipitado por el frío) y filtrarlo para después embotellarlo. Así queda listo para disfrutarlo.

La tecnología del frío y los tanques de fermentación han permitido a la enología hacer vinos cada vez más expresivos.

¿De qué sirve saber esto en la vida cotidiana?, pues para determinar con qué alimentos se puede hacer sinergia, ya que un vino fresco con aroma a cítricos y de buena acidez irá perfectamente con alimentos con buena acidez y frescos, como una ensalada, ceviche, cóctel de marisco, otros productos del mar o incluso sólo de aperitivo.

Vino blanco con barrica

Para este segundo método, el vino blanco que se ha elaborado se introduce en una barrica por un tiempo corto, para que tome el carácter aromático de ella. Así se obtendrá un vino con más estructura y aromas diferentes al que se elabora sin barrica. En este caso, los aromas serán de frutos tropicales en su mayor parte (mango, guayaba, membrillo), junto con los frutos cítricos que ya contenía y algunos aromas de vainilla cedidos por la barrica. Después se clarifica, estabiliza, filtra y embotella.

Estos vinos, por sus aromas y mayor estructura, pueden hacer sinergia con platos más fuertes como pastas, arroces, productos capeados o empanizados, pollo con salsas suaves, etcétera.

La barrica es de suma importancia en la elaboración de los vinos blancos, ya que de la sutileza de ella depende la elegancia de los mismos.

Vino blanco fermentado en barrica

Este tipo de vinos son especiales, requieren una buena maduración de uva y varietales especiales y resultan más propensos a pasar por barrica. En este caso no se parte del vino ya fermentado, sino a partir del paso de limpieza o desfangado, ya que en lugar de fermentar el vino en un tanque de acero inoxidable se hará en una barrica. De esa manera, el desarrollo de los aromas se irá para los frutos secos, como almendras, nueces o avellanas, para dar al vino un carácter de mayor estructura. También se obtendrán aromas de barrica, por supuesto. Después se someterán a clarificación, estabilización y filtración, para embotellar.

Los vinos con fermentación en barrica hacen sinergia con alimentos de aroma parecido a los frutos secos que ellos poseen, como los chiles en nogada, el pollo en salsa de cacahuate, algunos moles o quesos fuertes.

Las lías o levaduras

Cuando las levaduras terminan la fermentación, por lo general mueren y se precipitan al fondo del tanque o la barrica. Al entrar en contacto con el vino ya elaborado, le ceden compuestos aromáticos, como los frutos secos, y los dotan de mayor densidad por la cesión de las proteínas de su pared. Cuando se encuentren vinos de buen cuerpo y notas aromáticas a frutos secos, seguramente han estado reposando sobre las lías o levaduras después de su proceso de fermentación.

Clarificado

Cuando el vino está terminado, suele hacérsele una clarificación, la cual consiste en eliminar las partículas que se encuentran en suspensión y dan mala imagen. Se emplean clarificantes, casi todos ellos de origen animal o vegetal.

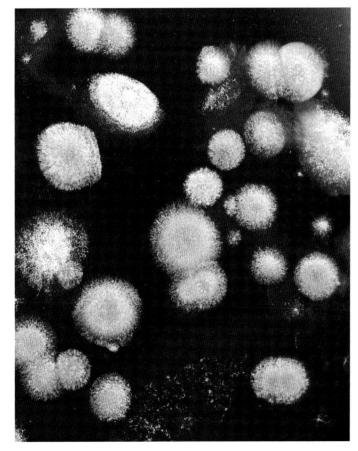

La levadura es un microorganismo que se encuentra en el medio ambiente y realiza la fermentación de los vinos. Necesitamos elegir bien el tipo de levadura que vamos a utilizar para obtener el resultado esperado.

Estabilización

Una vez clarificado, se pasa el vino a un tanque para enfriarlo a cero grados por varios días, con la esperanza de que el exceso de ácido se precipite en forma de cristales; con esto se evita que lo haga cuando se enfría una botella y se vea por dentro, dando vueltas o en el fondo; una mala imagen para el vino, aunque no afecte en nada.

La estabilización y el filtrado ayudan para que no existan residuos cristalinos ni sedimentos opacos en la botella.

Filtrado

Una vez terminada la estabilización, se filtra el vino para quitar cualquier partícula y se procede a embotellar.

La transparencia de un vino blanco nos indica su salud, y la brillantez, su acidez. Con el color podemos imaginar sus aromas, así como si su proceso ha sido largo o corto, pero no hay como beberlo para descubrir todas sus características.

Elaboracion de vino tinto

Para elaborar vino tinto seguimos algunos procesos parecidos al del blanco, pero con algunas diferencias, como la extracción del color.

Recolección

El momento de las uvas tintas llega pasado un tiempo del de las blancas; su piel, al principio, de color verdoso, cambia por sus tonalidades violáceas a medida que maduran y acumulan azúcar.

Para los vinos tintos, la recolección se hará de día, pero a primera hora de la mañana, a fin de que los vendimiadores puedan recoger la mayor cantidad de uva y resulte redituable para ellos. La recolección se realiza en cajas de 15 kilos, igual que en el caso de las blancas, y así se evitan aplastamientos y fermentaciones prematuras con levadura autóctona o de campo.

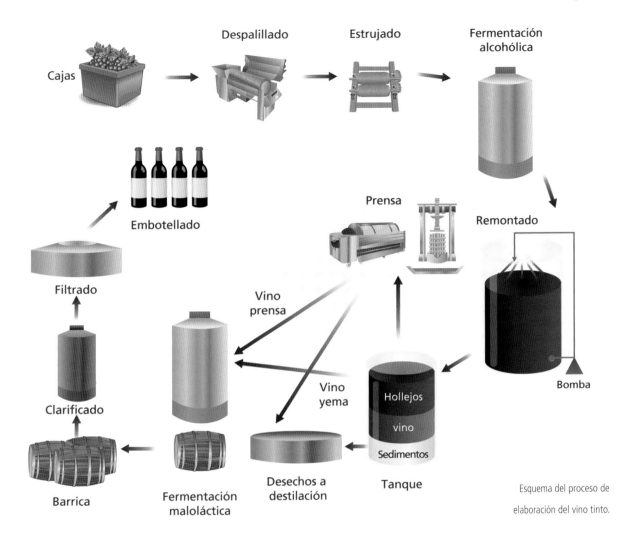

Esquema del proceso de elaboración del vino tinto.

Despalillado y estrujado

En la bodega, las tintas pasan por un despalillado que, sabemos ya, consiste en separar las uvas del raspón o esqueleto. Se emplea una máquina que las separa sin romperlas demasiado. La separación de raspón o palillo es importante porque no le dará aromas amargos, ni tanino rugoso al vino en su elaboración. Estas uvas pasan a otra fase llamada estrujado, en la que se aplastan y caen directamente a un tanque donde será sometidas a fermentación.

Fermentación

Con la intención de transformar el azúcar en alcohol, se depositan las uvas estrujadas dentro de un tanque de acero inoxidable, en donde cae el hollejo,

La fermentación en los tintos también se puede llevar a cabo en madera, como en los blancos; para esto, la tecnología ha reproducido los grandes toneles de antaño con la tecnología moderna. Foto: Jesús Díez.

la semilla, la pulpa y el mosto. El primer paso es agregarle sulfito para que las levaduras no empiecen a fermentar, los aromas no se pierdan y no se oxide el vino. Se deja un par de días el hollejo en contacto con el mosto, para extraer aromas y color, y después le agregamos una levadura para que empiece la fermentación. Ésta se lleva a cabo en un lapso de entre 8 y 15 días, según la temperatura. Es entonces cuando se procede a extraer la mayor cantidad de color y tanino que se requiera para el estilo de nuestro vino. Para ello se recurre a "remontados", que es el proceso de rociar con una manguera vino de la parte baja del tanque sobre los hollejos que se encuentran en la parte alta. Así, el mismo vino extrae más compuestos de las pieles. Se logra lo mismo mediante "bazuqueos", que consisten en empujar el hollejo hacia abajo por medio de una placa, plancha o cualquier utensilio que tenga superficie amplia para sumergir las pieles en el vino.

Prensado

En los tintos, la prensa no entra en las primeras fases de la elaboración, se utiliza después de fermentar los vinos para separar los hollejos que han dado color y tanino. Una vez terminada la fermentación se puede escurrir el vino en el tanque y obtener el "vino yema", para después llevar a la prensa todo el hollejo y obtener el "vino prensa", que en muchos casos se junta para hacer un vino con más estructura. En otros casos, el vino de prensa se utiliza para fines diferentes.

Terminada la fermentación, llega el prensado, que dará estructura a los vinos con el "vino prensa"; para ello se utilizan las más modernas prensas verticales.

Barrica

Una vez pasado el prensado, sigue la nave o zona de barricas, donde se dejará el vino tinto por un tiempo conveniente para que adquiera carácter aromático y se suavicen los taninos extraídos en la fermentación.

Las barricas le darán a los vinos
tintos suavidad y elegancia,
haciendo que sus componentes
se integren y ganen equilibrio.

Maloláctica

En esta fase tambien se realiza la fermentación maloláctica, que consiste en transformar el ácido málico (manzana verde) en láctico (leche), para hacer los vinos más sutiles y dotarlos de mayor estabilidad contra los microorganismos. Con esta fermentación se obtienen aromas a lácteos, por ello si se percibe algo de olor a queso, leche o yogurt en un vino, no es a causa de que se tenga hambre, sino de la fermentación maloláctica.

En casi todos los tintos se realiza la fermentación maloláctica, puesto que por lo general permanecerán más tiempo en barrica y botella que los blancos; sin embargo, hay que considerar que también en algunos blancos se realiza, como en los fermentados en barrica.

Clarificado

Al igual que en los blancos, la clarificación es importante, aunque hay tintos que por el mismo proceso de trasiego, que consiste en cambiar de barrica el vino, van haciéndola naturalmente.

Filtrado

Una vez terminada la estabilización, se filtra el vino para quitar cualquier partícula y se procede a embotellar. Con algunos tintos y ciertos elaboradores se evita la filtración para que no pierdan color, aroma y estructura.

Botella

Una vez terminado el filtrado, el vino se embotella y se deja reposar en la botella por lo menos el mismo tiempo que ha sido retenido en la barrica. De esa manera, el vino logra un equilibrio entre los compuestos y aromas de la barrica y la fermentación. Es en este momento que los vinos alcanzan su equilibrio.

Después de la maloláctica en barrica, filtrado y embotellado, el vino llega a su fase de reposo para unir todos los elementos que se le han integrado, hasta que el enólogo la libere a nuestro mundo. Foto: Jesús Díez.

Elaboración de vinos rosados

Sabiendo que los vinos tintos tienen extracción de color y tanino procedente del hollejo, a diferencia de los blancos, podemos detallar la elaboración de los rosados.

Para elaborar un vino rosado, se sigue la elaboración de un blanco con la diferencia de que no se quitan los hollejos o piel en la primera fase de la elaboración; con esto los vinos adquieren una tonalidad tinta muy sutil a la que se debe que los llamen rosados. También se les llama "vinos de una noche", ya que son pocas las horas que el hollejo o piel pasa en contacto con el mosto para extraer algo de color, generalmente 12 o 24 horas.

Una vez que se ha obtenido el tono que el elaborador necesita, se retiran los hollejos y se sigue el mismo método que se usa para elaborar un blanco, con sus cuidados de temperatura en fermentación, así como sus procesos de clarificación, estabilizado, filtrado y embotellado, con los cuales pierde algo de color, por lo que el tono siempre debe ser más intenso en su extracción para llegar a perder intensidad en el embotellado.

Los vinos de este estilo pueden considerarse tintos por su débil tanino y blancos por su gran acidez y aroma. Por ese motivo son muy versátiles en la mesa para hacer sinergias con los alimentos.

Los vinos espumosos

Para poder entender los vinos espumosos, debemos saber cómo se generó el gas carbónico en cada uno de ellos, ya que dependiendo de la distinta elaboración el tamaño de la burbuja variará y con ello la calidad.

Dentro de los espumosos, expondremos una clasificación sencilla de tres tipos:

- Los llamados de doble fermentación en botella, o sea, los que son fermentados en tanque y luego en botella. Esto se lleva a cabo con el método llamado Champenoise.
- Existen otros elaborados en grandes envases para generar el gas carbónico y se llaman Charmat, Granvas, Cuves closes o Método clásico.
- Método de inyección o gasificado, por medio del cual el gas carbónico se inyecta bajo presión al líquido, no procedente de una fermentación.

El gas carbónico, formado naturalmente en los vinos espumosos, tiende a liberarse en dosis pequeñas y burbujas diminutas que se desprenden por imperfecciones de la copa.

El método Champenoise

Antes de elaborar un vino espumoso, lo primero que debe hacerse es un vino. Por lo general, para los espumosos se utilizan los vinos blancos, ya sean de uva blanca o de uva tinta, pues son más sencillos de elaborar. Una vez conseguido un vino blanco de la manera como se explicó líneas atrás, se sigue el proceso que un monje benedictino desarrolló hace siglos.

Licor de tiraje

El método Champenoise o método tradicional se basa en realizar una segunda fermentación alcohólica al vino, pero dentro de la botella. Una vez que se obtiene el vino blanco, se introduce a una botella y, para que tenga lugar la fermentación, se agrega levadura y azúcar, ya que el vino no contiene azúcar para esta fermentación. A este proceso se le llama licor de tiraje.

Una vez dentro la levadura y el azúcar, las botellas se apilan acostadas en la cava para esperar a que la levadura consuma el azúcar. La fermentación dura

más o menos una semana, aunque las botellas se dejan reposar mucho más tiempo, entre un año y tres, según el producto que se esté elaborando: champaña, cava o alguno de otra zona.

En la fermentación se genera alcohol y gas carbónico que no se deja escapar, con lo que aumenta la presión de cada botella.

Pupitre

Transcurrido el tiempo estipulado por cada bodega o elaborador, se pasan las botellas que ya tienen gas carbónico en su contenido a una tabla inclinada con agujeros, llamada *pupitre*, para que en éste se haga el removido de la levadura.

Las botellas se colocan en los orificios del pupitre con la punta hacia delante y en posición horizontal. La posición se irá modificando con giros de la botella e inclinaciones paulatinas por cerca de un mes, para terminar en una casi vertical, a la que se llama "botella en punta", cuyo objetivo es que la levadura, que reposaba sobre la pared de la botella cuando estaba acostada, pase completamente a la parte de la punta para eliminarla.

La región de Champagne, en el norte de Francia, llamada así por sus suelos calcáreos, tiene el clima perfecto para la maduración de las uvas reinas en la zona, como Chardonnay y Pinot noir.

Degüello y relleno

Cuando las botellas están en punta en el pupitre, se trasladan a una tina en la que se congelará exclusivamente la punta de la botella, que es la que contiene la levadura. Una vez congelada, se voltea y destapa, con lo que pierde el tapón congelado a causa de la presión que contiene la botella (alcanza las 5 atmósferas). La levadura y un poco de vino salen despedidos de la botella y dejan un espacio que se rellena con más vino para encorchar en seguida. Con este procedimiento, el vino espumoso pierde presión y cae hasta 3 o 4 atmósferas, lo normal en una botella de Champagne o Cava.

La última fase del método Champenoise consiste en eliminar la levadura del interior de la botella, mediante el movimiento acompasado y la inclinación continua en pequeñas tablas inclinadas llamadas pupitres.

Licor de expedición

La dosificación del licor de expedición se realiza para rellenar las botellas que han sufrido una merma en el degüello. Además, por medio de este licor se aprovecha para dosificar el azúcar que se desea agregarle al vino para darle una sensación dulce. De ahí que se clasifiquen las champañas en zero (cuando no tienen adición), brut (cuando tienen 6 gramos por litro), extra sec (12 gramos por litro), sec (17 gramos por litro), demisec (33 gramos) y dulce (más de 50 gramos).

Método Charmat

El método Charmat consiste, al igual que el Champenoise, en generar gas carbónico con una segunda fermentación, pero ésta, en lugar de realizarse en botellas individuales, se realiza en tanques isobáricos que no dejan escapar la presión generada por el gas.

Los tanques isobáricos ayudan a no perder la presión durante la segunda fermentación de los vinos elaborados bajo el método Charmat. Éstos tienen la burbuja ligeramente más grande que los del método Champenoise, por la diferente integración de la misma.

Vino base

Este método consiste en elaborar un vino blanco o tinto como se ha visto anteriormente, con la característica de que sea joven, sin barrica y de proceso rápido. A este vino se le llama vino base y con él se inicia el proceso de toma de espuma.

Autoclave o tanque isobárico

Como se dijo anteriormente, en lugar de introducirlo en botellas individuales se introduce dentro de tanques especiales que resisten la presión, llamados autoclave. En ellos, aparte del vino base, se introduce una levadura generadora de gas carbónico en abundancia y alimento para el microorganismo, a fin de que la levadura coma o procese el azúcar y genere gas carbónico a presiones de 7 u 8 atmósferas.

Este proceso de generación tarda 20 días aproximadamente, durante los cuales la levadura termina con el azúcar que se ha agregado, y cuando muere se elimina del tanque por medio de una filtración con presión controlada para no perder el gas carbónico. Con esto, el líquido queda limpio y se introduce en una botella en la que, aunque los cuidados son extremos, siempre existe pérdida de presión en el proceso, para llegar a una presión de 3 o 4 atmósferas después de encorchar y dosificar la botella con la cantidad agregada de azúcar necesaria para el estilo de vino.

Este proceso producirá un vino de características espumosas, pero con la peculiaridad de que el desarrollo de la burbuja en copa será mas grande que con el método Champenoise, lo que será notorio en la copa y la boca cuando se degusta.

Los aromas de este vino retienen mucho carácter frutal del varietal y poco de la fermentación, ya que no pasan tiempo con las levaduras que confieren carácter, estructura y aromas de frutos secos al producto.

Inyección de gas o gasificado

Por último, el proceso de gasificación consiste en inyectar bajo presión gas carbónico al vino que se generó por métodos universales para tintos y blancos descritos anteriormente. Este gas carbónico, por lo general, no ha sido creado por la levadura, sino que es de uso industrial, aunque alguna veces se emplean procesos de recuperación del gas carbónico, como lo hace la cerveza, con lo cual se puede reintegrar el gas recuperado durante la fermentación al final del proceso del vino para dotarlo de burbuja, que será de tamaño grande y burdo cuando se vea en la copa y se deguste en cata.

Los vinos gasificados tienen integrado el gas mediante la presión de manera artificial, por lo que su calidad no puede compararse con el método Champenoise.

Vinos generosos o de postre

Existe otra clasificación en la que se engloban los vinos empleados como postre. Entre ellos se encuentran los vinos como el Oporto, el Jerez y los de cosecha tardía.

Jerez

Los vinos de Jerez son muy conocidos en todo el mundo. Existen secos y dulces. El más conocido es el vino Fino con sus aromas de mantequilla avellanada. El segundo, ligeramente más oxidado que el anterior, se llama Amontillado, con marcados aromas de nuez. El tercero se llama Oloroso, y los hay de dos clases (seca y dulce), con aromas de chocolate y café.

Los jereces se caracterizan por sus fermentaciones con levaduras flotantes llamadas "velo en flor", así como por sus largos reposos en barricas usadas por muchas décadas. Foto: Jesús Díez.

Finalmente, llegamos a los reyes de la clasificación. Se trata de vinos difícilmente igualables, de gran carga azucarada proveniente de la deshidratación de la uva en el campo y su nivel alcohólico alto. Su nombre, Pedro Ximénez, hace mención de la uva con lo que están hechos.

Algunos de los vinos anteriores pasan por el proceso de criaderas y soleras típicos de Jerez. Están elaborados con uva pasificada por deshidratación en el campo,

fermentados con levaduras resistentes al azúcar y, posteriormente, se encabezan, es decir, su nivel alcohólico se eleva con alcohol de *brandy* antes de ser embotellados.

Oporto

Los oportos son vinos que se desarrollan entre Porto u Oporto y la zona del Douro, que es de donde vienen las uvas. Una vez que el vino se elabora en la zona citada, se transporta para su envejecimiento a la ciudad atlántica de Porto. Son vinos encabezados con hasta 20% de alcohol, como media, y elaborados con una composición de más o menos quince uvas, entre ellas la Tinta roriz y la Touriga nacional.

El envejecimiento se lleva a cabo en barricas durante varios años para luego reposar en botella. Los oportos pueden ser de año, llamados Vintage, o Tawny, que son mezcla de añadas.

Las típicas terrazas de la región del Douro dan origen a las uvas para elaborar vinos que reposan en la ciudad de Porto, que todos conocemos bien como Oportos.

Cosecha tardía o vinos de postre

Por último, existen los vinos cosecha tardía, que se elaboran con uvas deshidratadas en el viñedo, pero sin adición de alcohol. Son de tres tipos:

Cosecha tardía

Son los vinos elaborados con uvas desecadas por haberse cosechado tarde, con un pasificado notorio en el viñedo debido a la deshidratación por insolación. Estos vinos suelen ser dulces y con carácter aromático a frutos tropicales como lichi, guayaba y maracuyá.

Icewine

Constituyen otra clase de vinos deshidratados, pero en este caso hay que dejar que el invierno arribe con sus temperaturas bajas para que congele la uva y el exceso de agua no integrada en los azúcares. La temperatura ideal ronda los 10 °C bajo cero. Este tipo de vinos se elabora con las uvas en el viñedo y con la espectativa de que el invierno sea entre rápido y frío, como en Canadá. Parte de la elaboración se hace con temperaturas para cuidar que la uva guarde sus propiedades.

Botritys cinérea

El tercer tipo de vino se elabora también dejando la uva en el viñedo para que un hongo, llamado *Botritys cinérea*, la contamine. El hongo se introduce en la piel de la uva sin romperla y la deshidrata desde adentro sin maltratar el grano. Son vinos difíciles de conseguir porque la contaminación del hongo se da sólo en ciertas zonas como Sauternes y Tokay. La carga de azúcar de estas uvas es alta y después de la fermentación también suele quedar azúcar de la uva para endulzar el producto.

Una característica de todos los anteriores vinos es la alta acidez, lo que ayuda a la longevidad y también a que en la degustación uno no se sature o empalague con el azúcar del vino y pueda continuar degustando.

El hongo *Botrytis cinérea* es el causante de la deshidratación de la uva y la concentración de los azúcares para elaborar los espectaculares vinos de postre con uvas literalmente podridas, algunos típicos son Sauternes y Tokay. Foto: Jesús Díez.

La barrica

La barrica es importante para los vinos, les da estabilidad, aroma y equilibrio. Por ello muchos pasan por un proceso de envejecimiento en su interior.

Todas las barricas del mundo son de roble. Los bosques más conocidos se encuentran en Francia, Estados Unidos y en Europa del Este.

Las barricas suelen clasificarse en francesa o americana, cada una con características diferentes a causa de su climatología y especies de roble. Gracias a ellas, el vino gana en evolución, además de que recibe aromas y, en muchos casos, taninos.

Para saber grosso modo acerca de su elaboración, diremos que los árboles se cortan cuando rebasan los 70 años. Talado el árbol, se deja secar en el bosque por un tiempo y luego se cortan largas duelas o tablones que se apilan en el bosque para que acaben de perder humedad y ésta no siga trabajando la madera cuando se haga la barrica.

Cuando la madera está lista para hacer la barrica, se cortan las duelas al tamaño y se unen con un cincho en la parte superior. Posteriormente, se queman por dentro y, al mismo tiempo que se calientan, pueden doblarse para crear la forma y ajustarlas con un cincho por la parte baja. Después se les da otro tostado, según el requerimiento del cliente, se le ponen las tapas y entonces puede emplearse para la elaboración del vino.

Al principio es aconsejable envinar la barrica con un blanco. Por ello el primer paso recomendado consiste en recurrir a los vinos fermentados en barrica o los que se meten por un tiempo en ella. Después de eso se puede cambiar a los tintos, aunque también se estila meterlos desde el inicio.

Para algunos estilos de vino, la barrica sólo se usa por unos tres o cuatro años. En estos casos, lo que se pretende es que la barrica aporte aromas, taninos y dome un poco la rudeza de los vinos. En otros casos, puede usarse por más de 60 años, con resultados completamente diferentes, y lo que se pretende es que los vinos ganen oxidación en la barrica y no aromas, a menos que en ella haya estado un tipo de vino muy diferente al que se esté elaborando.

También existen los chips y las duelas, que se introducen en un tanque de acero inoxidable, con lo que se da carácter aromático a los vinos, mas no equilibrio.

Dependiendo de su origen, la barrica confiere a los vinos aromas diferentes y elegantes, intentando conjugarlos con el aroma de los varietales y el terruño, para llegar a la expresión y evolución perfecta de los vinos. Foto: Jesús Díez.

Los sentidos

Para despertar los sentidos

Nuestros sentidos son cinco, y los utilizamos de acuerdo con la necesidad. Los ojos y el oído son los más usados; sin ellos no podríamos llevar una vida normal. El siguiente sentido en ese orden es el tacto, que empezó a desarrollarse de manera más cotidiana con la moda de los *spas*, las terapias de masaje, etc. En seguida tenemos el gusto, que ahora también ha ingresado a la moda con la nueva era de la gastronomía en el mundo. Aunque el olfato no deja de ser uno de los más importantes, lo tenemos olvidado desde que, como dijo Darwin, nos enderezamos, y en lugar de seguir a las presas con el olfato lo hacemos con la vista. Aun así, a diario utilizamos nuestro sentido del olfato, aunque no tomemos conciencia de ello: nos ayuda a reconocer personas y lugares, a recordar sucesos que la memoria normal no puede.

Aproximadamente el 70% de nuestros recuerdos son generados por nuestra memoria olfativa.

La nariz

No importa si nuestra nariz es fea o bonita, larga o corta, chata o afilada, sirve para lo mismo, y es terrible enterarse de que quien se opera la nariz para verse mejor tiene posibilidad de perder la percepción olfativa en 50%. Imaginemos no acordarse de una novia, la abuela, la casa vieja del pueblo, la cava de un amigo, nuestro lugar especial, por no tener ya la capacidad de oler. Sería en verdad terrible.

Los aromas y su percepción son un momento perfecto de placer para el cuerpo. Basta con ver cuando la gente huele algo que le gusta: se concentra mucho más en el aroma y trata de distinguir de dónde viene o qué produce eso que le genera sensaciones

de placer en el organismo. De hecho, muchos comemos o se nos antoja algo gracias al olfato: ¡cuántas veces en un restaurante se pide un plato por el olor que despide, incluso sin saber qué es!

Nuestra nariz nos alerta de aromas agradables que hace que se antojen las cosas, o desagradables que evita que las comamos.

Nuestra nariz aloja al olfato en su parte superior, entre los dos ojos, donde se encuentra el bulbo olfativo. Se ubica del lado del cerebro, pero está conectado por cientos de neuronas que pasan a través del cráneo y llegan a la parte superior de la nariz para recoger la información de las partículas volátiles que identificamos como aromas.

La nariz está dividida en tres secciones, llamadas *cornetes*, que por su posición son inferior, medio y superior. Mientras al cornete inferior llega una carga alta de aromas, al cornete superior, que es donde se alojan las terminaciones nerviosas, lo hace una carga menor, pero más sutil. Ahí las neuronas recogen la información, la codifican y envían a través de las neuronas a nuestra memoria olfativa, que es donde se alojan todos los aromas que hemos recolectado en nuestra vida. La diferencia de los aromas almacenados en nuestra memoria depende del sexo, origen, edad, grupo étnico y lugar donde se viva. Por esa razón el mexicano cuenta con un olfato que reconoce los aromas de tamarindo o chile cuando están presentes, a diferencia de un europeo, quien posiblemente no tenga ese carácter aromático registrado, aunque sí algún otro semejante y por eso lo interpretará de manera diferente, sin que ninguno de los dos esté mal.

La memoria olfativa se desarrolla mejor cuando la utilizamos. El problema es que la mayoría no hacemos uso de ella con frecuencia, la tenemos olvidada. La apreciación del vino representa una gran ayuda para ejercitarla y recordar muchas más cosas.

¿Cómo olemos?

El proceso de olfacción se lleva cabo de dos maneras: por la vía nasal directa o por la vía retronasal.

La vía nasal directa se pone en funcionamiento cuando olemos con la nariz cualquier elemento, en este caso un vino contenido en una copa. En esta mecánica, los aromas suben por las fosas nasales hasta el bulbo olfativo. La vía retronasal exige sensibilización para llevarla a cabo, aunque a diario recurrimos a ella. Lo primordial en este caso es que la boca está conectada con la nariz, gracias a lo cual se liberan presiones dentro de la boca cuando deglutimos y los aromas suben por la parte posterior de la nariz y llegan al bulbo olfativo con más presión y carga.

Para explicarlo de una forma más práctica, cuando el vino entra a la boca los aromas se volatilizan más fácilmente por la diferencia de temperatura existente entre el medio ambiente, el vino (cuya temperatura ideal será 17 °C) y los 36 °C

La nariz y la boca nos ayudan a percibir los aromas, codificarlos, analizarlos, registrarlos, expresarlos. En este estudio, todo el cerebro forma parte, por ello se ilumina casi en su totalidad por las miles de sinapsis que genera su análisis.

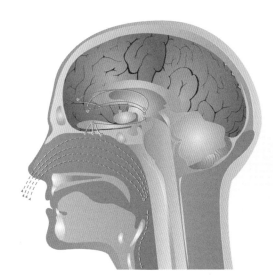

Olfacción nasal directa
(sólo una parte del cerebro en funcionamiento)

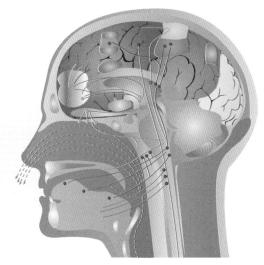

Olfacción retronasal y deglución
(muchas partes del cerebro en funcionamiento)

de nuestro cuerpo. En ese momento, mayor cantidad de partículas se volatilizan, por lo que tendremos la oportunidad de oler una amplia gama de aromas o algunos que no hemos percibido por su escasez en la copa. Acto seguido, deglutiremos el vino, para lo que necesitamos generar presión a fin de que el líquido baje por la tráquea. Tal presión se aplica al cerrar la boca, y como las leyes de la física dicen que a toda acción corresponde una reacción, tendremos un desplazamiento en sentido opuesto, que subirá por la parte posterior de la nariz y llegará al bulbo olfativo con una mayor carga de aromas. Es verdaderamente interesante hacerlo y ver cómo se expresa el vino.

El origen de los aromas

Los aromas son partículas odoríferas volátiles que contiene cualquier elemento, sea éste de la naturaleza o creado por el hombre. Todo huele a algo con mayor

o menor intensidad. Para que los aromas se perciban, deben tener la capacidad de ser volátiles, pues de otra manera es imposible que los capte nuestra nariz.

Los aromas en los vinos pueden tener orígenes muy diversos. En primer lugar, tenemos los que vienen del tipo de uva que estamos vinificando. Todas las uvas tienen una nota característica de aroma y por eso las podemos identificar. Influyen además el medio ambiente y el suelo donde está plantada la vid, ya que una zona de granito tendrá un olor mineral muy diferente a una de pizarra o una zona de arena o de cantos rodados. Otro punto a considerar se refiere a la maduración, ya que de acuerdo con el grado de maduración de los frutos los aromas difieren. El proceso de vinificación también es determinante, pues cuando ésta se realiza a temperatura baja obtenemos unos aromas muy diferentes a cuando vinificamos a temperatura alta. Las levaduras aportan su peculiaridad, así como las barricas, según su origen, la mezcla de uvas y, finalmente, el desarrollo en la botella. La suma de todo esto generará aromas diferentes, tantos como para

Los aromas provienen de innumerables lugares, procesos o materias primas, para formar un espectro tan agradable que nos invita a probar.

contabilizar más de 800 en los vinos. Como sería difícil entenderlos sin una guía, se ha elaborado una clasificación a partir del origen de los aromas, de los cuales tenemos tres.

- **Aromas primarios.** Son los producidos por la uva y nos dan la oportunidad de descubrir el varietal. Se encuentran en la cáscara y se obtienen cosechando de noche y vinificando en frío. Se trata de aromas cítricos y muy florales.

- **Aromas secundarios.** Se producen durante la fermentación, cuando los precursores aromáticos se transforman en aromas. En ella, la interacción de la levadura es importantísima. Algunos de esos aromas son mantequilla, pan, fermento y llegan a producirse aromas estructurados como el chocolate, cuando se trata de plantas viejas.

- **Aromas terciarios.** Los aromas terciarios son los que se producen en la crianza del vino en barrica, así como en botella, justo cuando el vino está en su proceso de envejecimiento. Se les suele llamar *bouquet*. Puede ser madera, animal, vainilla, torrefactos.

Factores de percepción

La alta humedad en el ambiente hace que la volatilidad sea mayor en los aromas y que los percibamos más, el ejemplo más claro se da en la playa.

Uno de los detalles climáticos que más afectan la percepción es la humedad. Cuanto más alta sea, mayor la volatilidad de aromas. Tomemos como ejemplo las siguientes situaciones: si salimos de un avión en una playa percibiremos una gran cantidad de aromas en el medio ambiente, en tanto que si lo hacemos en una zona desértica resultará difícil oler incluso las cosas más aromáticas.

Otros aspectos son la temperatura del vino, la del ambiente del lugar de cata, la oxigenación del vino, el tipo de copa. Hay muchos detalles por considerar, pero lo mejor es no ahondar más en ello, porque si seguimos por esa senda nos olvidaremos de beber vino.

La cualidad o calidad de un aroma tiene su importancia, ya que algunos vinos presentan un espectro reducido, es decir, tienen pocos, pero todos muy intensos. En este caso debemos analizar los aromas cuantitativamente, mientras que con vinos cuyos aromas sean más sutiles y tengan una amplia gama, lo haremos cualitativamente.

Umbral de percepción

Seguramente alguna vez nos hemos preguntado por qué unas personas huelen más que otras o huelen cosas diferentes. La respuesta es muy simple y se basa en nuestro umbral de percepción. Todos tenemos una capacidad olfativa diferente y una predilección por ciertos aromas.

El umbral de percepción consiste en la cantidad mínima de un aroma que podemos percibir. Algunos tienen el umbral de olfacción muy sensible y con poca cantidad reconocen el aroma, mientras que otras personas necesitan más estímulo u aromas para identificarlo. Todo depende del origen, modo de vida, percepción, sensibilidad, observación, concentración, etc. Sin embargo, hay formas de mejorar la percepción.

Existen personas que por herencia y por formación perciben e identifican mayor cantidad de aromas, gustos y sabores.

Supercatadores

Existen personas con la sensibilidad olfativa y el gusto muy desarrollados. Es un rasgo hereditario y puede potenciarse con el paso de los años. Algunos se dedican a la industria de la perfumería y se les llama *narices*, por su gran desarrollo olfativo. También existe la contraparte, es decir, las personas que no pueden oler por alguna deficiencia y se les llama *anósmicas*.

Una mecánica práctica y fácil para potenciar el olfato, consiste en ser más observadores y visitar lugares en los que haya gran variedad de aromas, como los mercados o el campo. Una salida cada mes a las zonas rurales despierta nuestro sentido olvidado.

Rueda de aromas

Para ayudarnos con las mecánicas olfativas, una investigadora y profesora de la Universidad de Davis creó una rueda de clasificación de los aromas. En ella tenemos un círculo central, donde aparecen las series aromáticas de las cuales evolucionan muchos aromas que se engloban en la segunda clasificación concéntrica, para terminar con aromas más específicos en el tercer círculo, donde se brinda una gama superior a los cien aromas

Entre las series aromáticas, podemos distinguir:

- **Floral:** flor de acacia, de almendro, de naranjo, manzana, melocotón, alheña, sauco, viña, espino, gavanza, madreselva, limoncillo, jacinto, narciso, jazmín, geranio, pelargonio, brezo, retama, malvavisco, magnolia, peonía, reseda, rosa, manzanilla, tila, verbena, lirio, violeta, crisantemo, clavel.
- **Frutal:** pasas, ciruela, cereza, pistache, fresa, frambuesa, mora, grosella, durazno, chabacano, pera, melón, cítricos, limón, lima, naranja, toronja, piña, aceituna, plátano.
- **Vegetal:** hierba, pastura, heno, hoja verde, hoja seca, té, repollo, café verde, tabaco, tierra.
- **Animal:** aromas de vinos viejos que nos recuerdan caballerizas, animal de caza, cuero, venado, perro mojado, almizcle, orín de ratón, orín de gato, carne, pescado, establo.
- **Especiada:** típico del bouquet de grandes vinos, entre ellos tenemos anís, eneldo, hinojo, seta, trufa, clavo, nuez moscada, pimienta, menta verde, tomillo, mejorana, etcétera.
- **Madera:** provenientes de las maderas donde se crían los vinos, incluye madera verde, madera vieja, madera rancia, roble, cedro, barril, corteza, rancio de coñac y *armagnac*, acacia.
- **Balsámico:** de resinas vegetales como pino, incienso, enebro, vainilla.
- **Químico:** algunos son resultado de la intensidad de aromas y otros son prácticamente defecto, entre los que están acético, alcohol, fenol, sulfuro, medicinal, yodo, cloro, celulosa.
- **Etérico:** acetato de isoamilo, acetona, alcohol amílico, pera, barniz de uñas, jabón, vela, levadura, láctico, diacetilo.
- **Empireumático:** aromas procedentes del tostado de las barricas, como humo, tabaco, caramelo, quemado, almendras asadas, hule, pólvora, cocoa, chocolate.

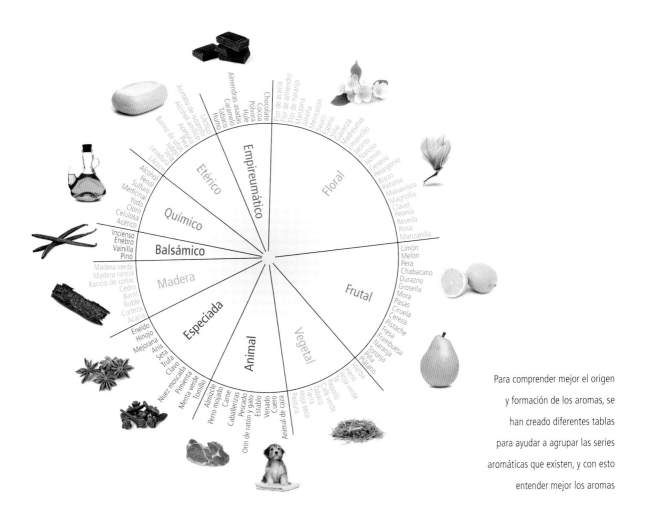

Para comprender mejor el origen y formación de los aromas, se han creado diferentes tablas para ayudar a agrupar las series aromáticas que existen, y con esto entender mejor los aromas

Nuestro gusto

El gusto, al igual que el olfato, todos lo poseemos y su percepción varía según lo desarrollemos. El sentido del gusto se encuentra en la lengua, donde tenemos receptores para distinguir los sabores primarios: dulce, salado, ácido y amargo.

La distribución de estos gustos en la boca no es específico, aunque tenemos más percepción en algunas áreas por la concentración de papilas específicas en ella.

Dulce

El sabor dulce se siente en la punta de la lengua. La percepción cuando probamos un vino es inmediata y la produce el azúcar residual de la uva, azúcar

agregada, el alcohólico o las sustancias de la madera. El azúcar nos da sensación de sedosidad, redondea los productos, nos ayuda a que las notas amargas desaparezcan como en un café. Debido a eso, el azúcar residual hace que los vinos no pierdan calidad, mientras que el agregado puede ocultar los defectos de elaboración.

Cuando utilizamos la característica "seco" en un vino, lo relacionamos con la ausencia de azúcar. Si tiene carácter aromático frutal, podríamos confundirlo con dulzor, cuando se trata de cosas completamente distintas. Casi todos los vinos llamados "tranquilos" o "de mesa" suelen ser secos, con un contenido de azúcar de dos gramos por litro, lo que resulta casi imperceptible. No obstante, hay un porcentaje muy pequeño dentro de estos vinos que son dulces, y deben ser etiquetados con una leyenda que lo indique.

Zona más sensible

Amargo

Ácido

Zona menos sensible

Salado

Dulce

Sabemos que la lengua es un receptor de los gustos (dulce, salado, ácido y amargo), adicionando el controvertido umami, así como también sensaciones que nos ayudan a interpretar la composición de un alimento (entre ellas, sedoso, aterciopelado, carnoso, astringente, efervescente, cáustico), por nombrar algunas.

Acidez

El segundo gusto por considerar es la acidez, producida por los ácidos naturales de la uva. El principal, el tartárico, lo distinguimos en los laterales de la lengua y por debajo de ella, debido a la mecánica de salivación. Cuanta más salivación, mayor acidez. Los vinos blancos suelen tener más acidez y, dentro de ellos, los que no llevan barrica ofrecen la sensación más alta. Los tintos también poseen acidez, pero está más controlada a causa de la mayor maduración de la uva o los procesos que la limitan, como la maloláctica.

La acidez funge como elemento de cohesión entre los componentes de un vino, además de que nos ayuda a establecer sinergias con los alimentos, pues es el punto clave de ligue entre ellos.

La acidez también indica cuando un vino se halla en su fase de declive, ya que con el tiempo ésta se pierde, lo mismo que la cohesión entre los elementos de equilibrio.

Salado

La nota salada es común en los vinos cuando su mineralidad aumenta. En México conocemos bien esto, ya que nuestros vinos son ligeramente salados por el terruño que tenemos en ciertas zonas y su contenido de cloruro de sodio (NaCl). Este gusto lo sentimos en el centro de la lengua, ligeramente por detrás de la nota dulce. La sensación se asemeja a las aguas minerales. En el caso de los vinos de México, la nota salada puede incrementarse por la falta de lluvia anual y por el riego con alta concentración de sal debido a la misma causa.

Amargo

La nota amarga se siente en la parte posterior de la lengua. La percibimos hasta que tragamos el vino o el líquido con esa característica. La producen los fenoles del vino, como los taninos. Si aparece en mucha cantidad, puede llegar a ser molesto a la boca.

Todos los gustos tienen un tiempo de reacción: el dulce es más veloz, luego la acidez, tiempo después el salado y, posteriormente, la nota amarga, aunque ésta es la que más perdura.

Las sensaciones que experimentamos en la boca cuando probamos un vino nos recuerdan algunas texturas; por ello cuando decimos que el vino está aterciopelado, significa que es ligeramente rugoso; al decir sedoso, el vino es sutil, como pasar un dedo por la seda, y untuoso como cuando tenemos la sensación de densidad o carnosidad en la boca, como el aceite.

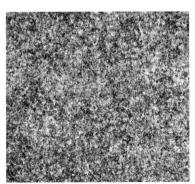

Sensaciones

Existen sensaciones que no son gustos, pero que influyen en la percepción del vino, como las siguientes:

- La **astringente,** la más notoria, la producen los taninos y consiste en la aspereza que nos deja un vino cuando lo degustamos. Es el resultado de la desnaturalización de las proteínas, de la ruptura de los enlaces de éstas por acción de los taninos, lo que las convierte en más digeribles para nuestro organismo. Un ejemplo muy claro es comer una carne con vino, ya que éste ayuda a la digestión de la misma.

- La **alcalinidad,** semejante a la sensación que da beber agua, consiste en la ausencia de sabores o insipidez.

- La **cáustica** la produce el alto contenido de alcohol. Hace que nos queme la lengua, como se ejemplifica claramente al beber un trago largo de un aguardiente como tequila, *brandy* o *whisky*.

- La **metálica** se experimenta cuando un vino tiene mineralidad alta y nos provoca la sensación de una moneda de cobre en la boca. Lo mismo sucede cuando nos mordemos y sangramos por dentro de la boca, con una sensación férrica.

- La **efervescencia** es particular de los vinos con residuo carbónico. Puede aparecer en mayor o menor grado y nos ayuda a detectar la calidad de los vinos por el tamaño de la burbuja.

- Por último, la sensación **táctil** se deriva de la untuosidad de los vinos o la aceitosidad que poseen algunos por su corpulencia. Este es un parámetro a tomar en cuenta para determinar la calidad, estructura y fineza del vino cuando tiene un equilibrio perfecto.

Equilibrio del vino

Siempre que hablamos de equilibrio, nos referimos al punto perfecto de todos los elementos de un vino. Cuando esto se logra, decimos que éste es *equilibrado*, *redondo* o, simplemente, *rico*. El equilibrio en los vinos se determina a partir de diferentes elementos: alcohol, acidez, aroma, color, tanino y azúcar. Para que tengamos un panorama más amplio, explicaremos brevemente cada uno.

- El **alcohol** es el aspecto que le dará potencia y estructura al vino. Depende del grado de madurez de la uva y su contenido azucarado: cuanto más azúcar, mayor cantidad de alcohol. Este aspecto reviste importancia, pues es el único que nos da información de una botella cuando la adquirimos y de él podremos sacar algunas conjeturas.
- El nivel alcohólico de un vino ronda entre los 12 y 15% de alcohol. Tendremos un vino *ligero* cuando éste alcanza 12%; será *potente* si tiene 15%.
- La **acidez** es el segundo elemento, pero de todos los que nombraremos representa el primero en importancia. Tiene la función de unir a todos para hacer que el equilibrio se dé efectivamente. Varía en el momento de la cosecha: las uvas con acidez alta tendrán menos madurez, lo que afecta también la carga aromática y da frutos cítricos en su inicio y frutos tropicales en el fin de la madurez.
- El **aroma** nos deja ver la evolución que tuvo la uva en el viñedo. Como ya dijimos, las uvas cosechadas temprano tendrán buena acidez y aromas cítricos y de flores. Las uvas cosechadas tardíamente presentarán menos acidez y aromas de frutas tropicales. A todas luces entenderemos que si los aromas son de fruta poco madura, tendrán acidez alta y alcohol bajo, y que si es maduro la acidez será más baja y los alcoholes altos.
- El **color** influye, más que para el equilibrio mismo del vino para su percepción. Sin embargo, podemos considerarlo dentro del equilibrio, ya que una buena percepción del vino provoca que nuestros sentidos se agudicen para el análisis. Los colores, además, nos ayudan a deducir la evolución del vino, ya que en los blancos los colores irán del amarillo paja al ámbar, según la evolución de las uvas y el vino, y en los tintos los tonos recorrerán del rosado al violeta intenso para terminar con el tiempo en anaranjado.

Los gustos y las sensaciones que el vino desencadena, generan un flujo de hormonas y enzimas en nuestro cuerpo que nos llevan a un momento de relajación, éxtasis o sensibilización del medio (página anterior).

- Los **taninos** son elementos extraídos de los hollejos, de sensación amarga en la boca. Junto con el alcohol marcan la potencia del vino. En un equilibrio, el alcohol debe siempre estar en armonía con los taninos, en un balance perfecto. Por lo general, si los taninos están presentes en buena cantidad, el alcohol subirá su nivel para soportar la estructura del vino. Si hiciéramos una analogía con la música, deberíamos de ecualizar los graves y agudos para tener ese equilibrio que buscamos.

Resumiendo el análisis de los vinos, podríamos decir que si un vino posee potencia tánica, tendrá buen nivel alcohólico, por ende sus aromas serán de uvas maduras y su acidez no muy alta. Si el vino tiene bajo nivel alcohólico, seguramente tendrá estructura tánica, aromas de uva poco madura y acidez medianamente alta.

Más fácil de analizar, ni el agua.

Cuando mencionamos el dulzor o azúcar en un equilibrio, hablamos únicamente de los vinos dulces "de postre", o "generosos", y algunos vinos de mesa, llamados también "tranquilos", que tienen resto azucarado. La generalidad de los vinos son secos o tienen muy poco azúcar residual, por ello generar una estructura de análisis bajo el punto del azúcar nos llevaría a desvirtuar el análisis.

Cuando algún vino seco tienen estructura dulce, sin azúcar residual, ésta se forma por la graduación alcohólica alta del producto, la cual nos da sensación dulce a la boca, y los compuestos dulces de la madera, que nos dan sensación dulzona al gusto.

El azúcar final en los vinos puede tener dos orígenes. Al primero, derivado del residuo no fermentado por la levadura, como en los vinos de Oporto y de cosecha tardía, se le llama justamente "azúcar residual". El segundo es añadido, procedente de la caña de azúcar, y se le agrega al vino para darle connotación azucarada final o enmascarar algún defecto.

Como puntos a considerar del equilibrio, podemos subrayar algunos:

- El sabor dulce compensa la astringencia del tanino y la acidez de los vinos.
- El alcohol potencializa la sensación dulce.
- La acidez compensa el exceso de dulce en los vinos.
- La sal refuerza el sabor dulce.
- El gas carbónico acentúa la acidez y disminuye el dulzor.

Si agrupamos estos elementos en una representación radial para hacer la armonía de los vinos, encontramos como eje central el equilibrio.

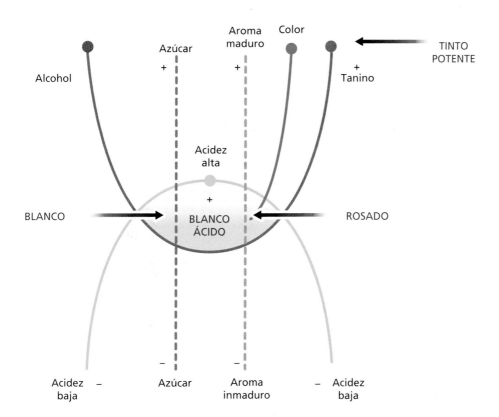

Esquema que muestra los distintos puntos de equilibrio en el vino.

Análisis del equilibrio

Cuando catamos para encontrar el equilibrio de un vino, aunque sabemos que es personal o subjetivo, debemos considerar algunas conjeturas. Hay que tener el cuidado de describir las sensaciones adecuadamente, ya que decir que un vino es ácido no nos lleva a nada, pues todos lo son. Tenemos que decir que es tan ácido como fresco cuando se trata de acidez suave, verde cuando la acidez está marcada.

En el tinto, el punto a describir es el tanino, que no se califica de alto ni bajo. Debe ser suave o sedoso (por la analogía con la seda en el tacto), en boca, o tosco y rudo, con tanino que raspa, y entonces diremos que es rugoso.

¿Qué son los taninos?

Siempre que se entabla una conversación sobre vinos, salta a relucir la palabra *taninos* cuando se habla de la estructura de los vinos. A veces la usamos con todo el conocimiento de causa; en otras muchas, no sabemos a qué se refiere.

La mayor concentración de taninos maduros en la vid la obtenemos del hollejo de la uva. Este tanino madura con la maduración de la misma. A menor maduración el tanino es áspero, a mayor maduración es sedoso.

Los taninos son una sustancia que se extrae de los hollejos de las uvas. También se puede extraer de las semillas y el raspón, aunque tendrán un componente diferente que hace más amable unos que otros.

Todas las plantas verdes tienen taninos. Son sustancias que les ayudan a no ser víctimas del herviborismo, además de que repele a muchos insectos chupadores. El mismo tanino que sirve a las plantas de defensa, se utiliza para extraerlo dentro de los componentes del vino, y ayuda a que los vinos sean más longevos. Por eso al cuerpo humano le sirve como antioxidante natural y contribuye a que el colesterol no se fije a las arterias.

Los taninos se dividen de acuerdo con las sensaciones que dejan en la boca. Los hay suaves, aterciopelados y sedosos; otros son rudos, ásperos y rugosos.

Para que un vino sea equilibrado y rico a la boca, debe tener los taninos suaves y sutiles, que se ganan gracias a una maduración adecuada en el viñedo y una extracción justa en la elaboración, siempre de los hollejos, nunca de las semillas y menos del raspón. Si estos parámetros se cumplen, con seguridad los taninos serán adecuados y redondos.

Al llegar al vino, estos taninos establecen unión con el color, por ello dentro del equilibrio siempre debe considerarse éste. El enlace de los taninos con el color puede formar cadenas largas con el tiempo que se deja en barrica y botella, con lo que los taninos impetuosos se vuelven suaves y amables. De ahí que el reposo en barrica y botella sea tan importante como la guarda en cava.

Al terminar este proceso se pueden descorchar, decantar, para eliminar el sedimento, y disfrutarlos en el mejor de los momentos

A catar se ha dicho

Para introducirnos en la cata, debemos saber primero de qué consta esta mecánica de apreciación del vino.

Existen dos tipos de catas: la hedonista, que tiene como fin ensalzar al vino por sus cualidades, y la analítica, cuyo fin es cualificar al vino por sus atributos. Empecemos con la que más gusto da a los sentidos, realizar una cata por el simple gusto de analizar el vino para evaluarlo por la calidad y no por el precio.

Antes de empezar a catar, hay que decir que para beber un vino con los amigos no es necesaria la copa, ya que no hay la intención del análisis del vino. Para eso basta con un recipiente de cristal lo más delgado posible. Ahora, si pretendemos hacer todo un análisis del vino, hay que cerciorarse de utilizar una copa con características adecuadas para llevarlo a cabo. Existen muchas referencias en el mercado, pero la mejor sin duda es la de elección personal, siempre y cuando cumpla con dos requisitos: estar elaborada con cristal y tener forma de tulipán, estrecha de la boca y amplia del cuerpo.

Existen dos tipos de catas, la hedonista y la analítica; la primera es cuando se toma un vino con los amigos en una buena tertulia, la segunda sirve para analizar la calidad del vino. Foto: Jesús Díez.

La cata se divide en tres fases:
- **Fase visual,** en la que se ve el vino (**mirar**).
- **Fase olfativa,** en la que se analiza el aroma del vino (**oler**).
- **Fase gustativa,** que es cuando se saborea el vino (**degustar**).

Los aromas pueden provenir de la uva, la fermentación y el envejecimiento, se clasifican en primarios, secundarios y terciarios o bouquet. Con esta base es mucho más fácil aprender a catar.

Cómo mirar el vino

En esta fase, la intención es extraer información a la vista de los colores y estructura de un vino.

La posición correcta de la mano en la copa

Sin caer demasiado en la parefernalia, la idea de tomar la copa se refiere a tres puntos. En primer lugar, no calentar el vino, por lo que se toma la copa del tallo; en segundo, tener maniobrabilidad para poder agitar el contenido cuando sea necesario (para ello, el tomarla del tallo ayuda, aunque también se puede tomar de la base); por último, la tercera y más importante, que esté suficientemente segura para que no se caiga.

Cumplido esto, se puede empezar a catar.

El color

El color es un primer punto, y uno de los más importantes porque indicará qué evolución tiene el vino, dará idea del tiempo de elaboración, los aromas que con probabilidad contenga y seguramente el trato que le han dado al mismo.

Los vinos tienen color blanco o tinto (rojo). Esto se debe, como ya vimos, a la pigmentación de las uvas. Tales tonos podrán dar un acercamiento de cómo es el vino.

Los vinos blancos tendrán coloraciones desde los amarillos paja sutiles, que indican ausencia de barrica, y juventud con notas frutales tal vez cítricas, pasando por los amarillos oro, vinos con escaso paso por barrica o maduración en viñedo, ligando aromas de frutas madura y tropical. El límite superior podrían ser los ámbar, que denotan oxidación en barrica o en viñedo, con aromas maduros de frutos secos tropicales, así como integración de aromas de barrica, si hubo paso por ella.

Todo esto se da con la debida mesura de las diferentes elaboraciones y tipos de varietales que se vinifican.

Para los tintos, y haciendo también una clasificación práctica, tenemos los rojos, que suben desde los sutiles tonos de salmón o rosado, que son vinos jóvenes de buena frescura y colmados de aromas a frutos rojos poco maduros. De ahí saltamos a los rojos con mayor extracción de color como el rubí, que por juventud nos inclinarán a los frutos rojos y negros poco maduros con buen soporte y barrica no en demasía. Al ir subiendo de tonalidad, se encuentran los violáceos-purpúreos, que no dejan ver a través de ellos. Estos vinos de buena extracción seguramente nos acercan a los frutos negros maduros. Finalmente, los colores anaranjados o teja denotan evolución del vino, con los consabidos aromas animales por su longevidad.

El color de un vino nos acerca más a él de lo que nosotros creemos, nos da las primeras pistas para saber parte de su elaboración, su uva, añejamiento, acidez aproximada y cuerpo.

Un aspecto importante en el color consiste en descubrir la gama de tonos que puede presentar un vino. Tal gama se puede percibir al inclinar la copa sobre un paño blanco y "leer" los colores, desde el centro de la copa hacia la orilla. Con un poco de vocabulario y ánimo poético se puede describir un vino de maneras magníficas.

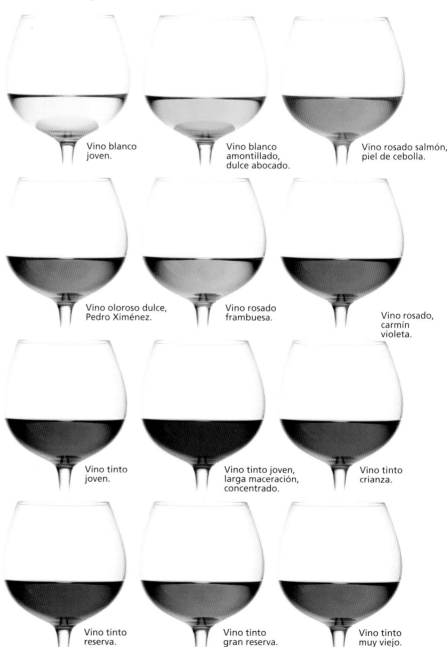

Vino blanco joven.

Vino blanco amontillado, dulce abocado.

Vino rosado salmón, piel de cebolla.

Vino oloroso dulce, Pedro Ximénez.

Vino rosado frambuesa.

Vino rosado, carmín violeta.

Vino tinto joven.

Vino tinto joven, larga maceración, concentrado.

Vino tinto crianza.

Vino tinto reserva.

Vino tinto gran reserva.

Vino tinto muy viejo.

Los diferentes tonos del vino en la copa indican mucho de su elaboración y vida. Mientras más sutil sea el color en los blancos, más jóvenes serán. Al tomar coloración amarillenta, la oxidación se hace presente y el vino cambiará de estilo. Al igual en los tintos, colores más violáceos o morados nos indican juventud y los colores tejas envejecimiento.

El ribete o parte final de esta lectura indica la evolución del vino, lo que representa una ayuda para esclarecer la edad aproximada del mismo.

- En los vinos blancos: ribete verde, vinos jóvenes; ribete dorado, vinos con evolución; ribete ámbar, vinos muy evolucionados.
- En los vinos tintos: ribete violáceo, vinos jóvenes; ribete granate, vinos con evolución; ribete teja o naranja, vinos con gran evolución.

Para definir el color, primero clasificaremos al vino en rojo o blanco, y después le daremos un tono, por ejemplo rojo rubí, rojo granate, blanco verdoso o blanco ambarino.

Otros elementos de la lectura del vino

La **limpidez** se refiere a la mecánica de observar la copa y distinguir si el vino es cristalino, sin materias que lo hagan borroso. Este punto nos indica que la elaboración se ha realizado de manera cuidadosa

La **fluidez** es el valor que representa el nivel de alcohol aparente que tiene el vino. Se puede relacionar con los términos *aceitoso*, *untuoso* o *denso*. En este punto también entra la densidad que proporciona el azúcar a los vinos, pero se aplicará sólo cuando sean generosos, de postre o con adición de azúcar.

La **brillantez** es un término muy cercano a la limpidez, pero posee su personalidad. Los vinos tienen como valor agregado la brillantez, ya que está muy relacionada con la acidez. Los vinos brillantes gozarán de salud y buena acidez, pero conforme pase el tiempo la brillantez se desvanecerá y el vino perderá estructura y soporte, convirtiéndose en un vino pesado, duro y alcohólico por pérdida de equilibrio.

El último punto es la **efervescencia,** presente en vinos que en su composición tienen integrado el gas carbónico, como el Champagne, la Cava, los espumosos o los vinos de aguja (aquellos con gas en pequeña cantidad, procedente de la fermentación

Uno de los puntos que más interesa al lector es la fluidez o densidad del vino en copa. Ésta es notoria cuando se eleva la copa y se deja escurrir el vino por la misma para que forme lágrimas o piernas. Esto refleja la densidad del vino producida por el alcohol (en particular el glicerol), así como los sólidos que están disueltos como el azúcar, antocianos, taninos, o proteínas procedentes de las levaduras con reposo en el vino.

La opacidad en un vino indica decrepitud o algún problema en casi todas las ocasiones. Aunque en algunos casos las elaboraciones dan vinos con esta característica pero de buena hechura.

El vino suele tener sedimento producido por la carga excesiva de antocianos y taninos, o por la formación de cadenas pesadas y largas con el tiempo de guarda. Es natural y no afecta al vino.

alcohólica a baja temperatura). La vista del tamaño de la burbuja permite un acercamiento a la calidad del vino que nos han servido. Cuanto menor sea la burbuja, más fino será el vino.

Vinos enfermos a la vista

Este punto se incluye como ayuda al catador, no como un elemento para descartar vinos por pura subjetividad visual. Al final, el análisis completo del vino dará el veredicto último de su calidad.

¿Cuándo luce un vino enfermo a la vista?

- Cuando ha perdido brillantez en la copa.
- Cuando no tiene diferentes tonalidades en la fase de vista y sólo se aprecia un tono.
- Cuando tiene sustancias en suspensión o parece mal filtrado.

El color del vino no indicará nunca la calidad del mismo. Todos los varietales tienen colores distintos y evoluciones diferentes.

El sedimento

Muchos vinos pueden tener sedimento debido a una carga alta de sustancias como los taninos. Cuando no se filtran o han pasado por un reposo prolongado seguramente se notará.

Para entender mejor este punto, hay que recordar las uniones que forman los taninos con el color (T-C), las cuales, cuando se dejan reposar en barrica y botella, forman cadenas largas (T-C-T-C-T-C-T-C-T-C). A esto se le llama *polimerización*, y ayuda a que el vino sea más amable y sutil a la boca. Estas cadenas, al ser largas, pesan y se precipitan al fondo de la botella, formando sedimento, con

lo que el vino pierde potencia de tanino y color. Por ello los vinos con el tiempo decrecen su color y estructura. El sedimento puede ser sutil como polvo, cuando está formado por años de reposo, o burdo y granuloso, cuando el vino no se ha filtrado.

Ante el sedimento, hay que aplicar la técnica del decantado, que ya veremos. En ninguno de los casos es perjudicial para los vinos, pero es necesario eliminarlo para que sea un servicio de vino correcto, según la rama de la somelería.

Cómo oler el vino

Para la segunda fase del vino, que es la nariz, se utilizará el sentido del olfato.

Sabemos que existen tres tipos de aromas por su origen: primarios, secundarios y terciarios. Cada uno de ellos puede distinguirse en una fase diferente de la cata.

El primer paso consiste en oler el vino sin agitar la copa. Esto ayuda a descubrir los aromas varietales de un vino, es decir, los aromas característicos de la uva con la que está hecho. Es mucho más fácil si el vino es varietal o de una sola uva, ya que con esto se puede identificar con mayor facilidad por su carácter aromático. Por ejemplo, el Cabernet sauvignon tiene un carácter aromático de pimiento verde; el Tempranillo, especiado; el Pinot noir, una mezcla de cerezas con suelo mojado; el Riesling huele sutilmente a vaselina; el Chardonnay está colmado de frutas; el Sauvignon blanc ofrece una nota de guayaba. Cada uva tiene un carácter diferente y reconocible a la nariz si se presta atención.

Cuando el vino está hecho de una mezcla de varietales, lo que se tendrá en la nariz es la mezcla de aromas primarios de todas la uvas, y será difícil reconocer todos los varietales ligados. Por ello, este paso es práctico cuando el vino es de una sola uva.

Los aromas son muy importantes para los enólogos, quienes dedican su conocimiento a la extracción de éstos cuando elaboran un vino. No hay que perderlos por agitar la copa antes de tiempo.

Lo más secillo de los vinos es probarlos, sin embargo, hay que verlos para empezar a saber qué vino puede ser, luego se huele para no perder aromas sutiles de varietal, después se agita y huelen los aromas de fermentación y bouquet. Finalmente, se prueba para integrar el gusto y el olfato.

Ya explicadas las vías de olfacción, nos concentraremos en la vía nasal directa. En este momento la carga de aromas no será tan intensa, pero se podrán reconocer muchos aromas dentro de los 800 que el vino puede llegar a tener. Este es el momento de activar la memoria olfativa que se tiene apagada.

¿Cómo activar la memoria olfativa?

Todos contamos con una memoria olfativa parecida si tenemos el mismo origen y costumbres. Aunque es probable que no se tenga activada. Hemos registrado los aromas que la naturaleza nos proporciona, pero pocos logramos relacionarlos con nuestro vocabulario. En el momento que lo hacemos, empezamos a expresar los aromas de los vinos.

Para que nuestro cerebro comience a registrar los aromas, debemos indicarle el camino a seguir, es decir, aspiramos partículas aromáticas, las llevamos al bulbo olfativo, que las codifica, registra qué aroma es y envía este código a la memoria olfativa, una especie de archivero con fólder de aromas. Al llegar el código a la memoria olfativa, se escoge un archivo de aroma y el resultado nos dice que huele, por ejemplo, a plátano, pero no termina ahí, ya que tenemos que decirle a nuestro público que hemos detectado un aroma, que es el del plátano, y asociar el registro con una palabra para que todo el mundo pueda registrarlo también.

Para activar el olfato, lo más sencillo es visitar lugares con gran cantidad de aromas, como nuestros famosos mercados.

El problema es que nuestra asociación no se produce tan rápidamente. Hay que ensayarla varias veces y concentrarse para que el procedimiento empiece a surtir efecto. Después de varios intentos de aspirar-codificar-identificar, se puede llegar a asociar y expresar el aroma. Por eso en las catas las personas que se concentran velozmente encuentran los aromas; las que no lo hacen pueden pasar la vida sin establecer esta mecánica y decir que la gente inventa aromas cuando no es así.

Como analogía, tomemos a un maratonista. Cuando empieza el entrenamiento no puede correr más de dos kilómetros. Día a día enseña y adapta su cuerpo para correr más distancia, hasta lograr los 42 kilómetros con relativa facilidad. Así funciona también el cerebro para los aromas. A mayor práctica, más fácil será la identificación de los aromas y la asociación con nuestro léxico. Por eso es tan bonito el vino, porque es un proceso de prueba y error, hasta que se acierta y, una vez logrado, es fácilmente analizable.

Uno de los procedimientos más prácticos para reconocer los aromas es la asociación. Nosotros tenemos aromas registrados y éstos están unidos a situaciones, personas, lugares que el aroma nos recuerda. Por eso cuando olemos nos representamos los aromas con la crema de la abuela (rosas), la casa de los tíos (madera), el ropero de la casa de campo (alcanfor), bosque cuando ha llovido (sotobosque). Todos los aromas los podemos relacionar con algún momento de la vida, por eso es fácil y divertido catar.

Una vez que se sabe a qué huele, se puede analizar de dónde viene el aroma, de la uva, de la fermentación, de la barrica, del suelo, de algún defecto, etc. Verdaderamente es fácil, sólo hay que intentarlo. Para ayudarnos están las series aromáticas o la rueda de aromas.

Una vez que se tiene el aroma del vino, pasará por la boca, que es donde termina el análisis para ofrecer un veredicto.

Los recuerdos de los lugares y personas ayudan a asociar los aromas para poder expresarlos. Algunos vinos huelen a rosas, y al olerlos recuerdan el jabón o perfume de la abuela que está hecho con rosas.

Cómo degustar un vino

Para degustar el vino no existe una técnica estricta. Hay que agudizar los sentidos y tratar de expresar lo que se siente en la boca.

Primeramente, es bueno enjuagar la boca con el mismo vino, ya que con seguridad se tiene sucia, en sentido figurado, porque portamos otros sabores en ella (pasta de dientes, chicle, café, refresco o algún alimento consumido) que pueden interactuar con el vino y darnos una percepción equivocada. Por esa razón se dice que "nos limpiamos la boca con el mismo elemento que vamos a catar". De hecho, este primer trago ayuda a relajarnos para que todo el cuerpo sea más sensible. Así pues, salud.

Una vez hecho esto, se procede al análisis del vino. Se deben determinar varios aspectos: acidez, tanino, temperatura, densidad, carga de aromas, longevidad en boca, mineralidad, amargor, abocado o dulce y, finalmente, equilibrio. Todo ello en un lapso menor a diez segundos. Sí, no hay que asustarse, diez segundos. Sólo hace falta práctica, porque todos contamos con el mismo sentido del gusto, aunque algunos lo tenemos dormido.

Para catar un vino, vale la pena empezar con un trago no muy largo, para que el alcohol no resulte cáustico a nuestra lengua.

Los primeros lugares de percepción son la nariz y boca, ajustando estas dos podemos empezar el análisis del vino.

El segundo trago

En el segundo trago de análisis hay que concentrarse en determinar algunos puntos, como ¿es dulce? Esto se nota cuando el vino entra a la boca, en los dos primeros segundos. Si lo es, de inmediato se reconoce. Si después de dos segundos en que el vino ha pasado a la parte media de la lengua no se siente dulce, el vino es seco, pero se puede confundir con dulce si su carga aromática a frutos tropicales es muy alta, como sucede con algunos blancos.

En la parte media de la lengua se constatará si es mineral o tiene rastros salados (se podrá asociar al agua mineral), pero para entonces se tendrá la boca llena de saliva por el efecto de la acidez, pues un vino con más acidez nos acentuará la salivación. Lo ideal es que tal acidez no sea molesta a la boca. Finalmente, se traga el vino y entonces se encontrará la nota amarga, si es que la tiene. Con esto se repasaron todos los gustos en menos de cinco segundos, pero se deben analizar también otras cosas. El **tanino** se representará en la boca como una sensación astringente, que secará la lengua haciéndola aterciopelada o sedosa (de ahí el termino que se utiliza). El tanino puede ser de la uva, con sensación sutil y amable, o de la barrica, que será un poco más intenso y estructurado, pero si está bien integrado a la composición del vino deberá pasar inadvertido, con un aporte de sustancias aromáticas y estructura que no moleste la boca. Cada persona analizará y determinará eso a su manera, ya que la cata es muy subjetiva.

El siguiente punto de análisis es la **sensación cáustica,** que se intensifica cuando el vino es alcohólico. De hecho, la sensación también crecerá en la nota dulce, ya que a mayor presencia de alcohol, la sensación que éste produce será de dulzor en la boca.

El segundo sorbo, junto con el aroma, seguramente llevará a lugares insospechados, que se encuentran en lo más profundo de nuestra memoria.

El siguiente punto es la **efervescencia,** que se percibe sobre la lengua y el paladar y establece el tamaño de la burbuja, directamente relacionado con la calidad del vino: a menor tamaño de burbuja, mayor calidad; a mayor tamaño de burbuja, menor calidad. Aparte, el gas carbónico dará una sensación de mayor frescura en la boca, pues cualquier líquido carbonatado provoca esa sensación.

La copa es un elemento indispensable para el análisis de un vino; la ausencia de ella nos empuja a que el análisis sea hedonista y no analítico. Todas las copas tienen forma diferente en la boca y el cuerpo. Mientras la boca sea más cerrada, el vino será menos aromático; al encontrar copas de boca abierta, se entenderá que los vinos son muy expresivos.

Otro punto a considerar es la **densidad** del vino, de cuyo análisis se establecerá si éste es corpulento o aceitoso según el tacto provocado en la boca. Al caer el vino en la boca, el tacto se pone en marcha. El peso del vino en la boca, su estructura, el nivel alcohólico, la mineralidad, el residuo azucarado contribuyen para que el vino adquiera más cuerpo, y eso se detectará en la boca por su densidad. De ahí que a veces se diga que el vino es "carnoso", que se puede masticar de tan denso que se percibe en la boca.

Uno de los puntos importantes es la **temperatura** a la cual se degusta el vino, ya que influirá directamente en el equilibrio. Cuando el vino llega a la boca, la temperatura corporal hará que el líquido incremente la propia, con lo que las partículas aromáticas saldrán con mayor facilidad y dejarán un rastro de sus aromas en la boca, listos para ser analizados por medio de la memoria olfativa.

Cuando los aromas se desprenden del vino es el momento de analizarlos por medio de la mecánica retronasal y potenciarlos. De esa manera, se descubren muchos más que permanecían ocultos a la nariz. La persistencia de los aromas en la boca indica la permanencia o longevidad del vino en la boca, según sean cortos o largos en su percepción. Tal relación está ligada a la calidad: cuanto más carga aromática, mayor calidad se percibe en el vino.

Sabor

El sabor de las cosas está constituido por dos elementos que ya se han visto: los aromas y el gusto. Cuando se unen se tiene el sabor. ¿Cómo saber que los dos interactúan para dar el sabor de las cosas? Ejemplificarlo es muy fácil.

Tomemos el caso del catarro o la congestión nasal. Cuando presentamos un cuadro de este tipo, no podemos oler nada, perdemos por completo el olor de las cosas, lo único que podemos distinguir de ellas es el gusto, o sea, si está salado, ácido, amargo o dulce. Por otro lado, si en lugar de perder el aroma perdemos el gusto porque nos quemamos con la sopa o comimos algo muy picante, vamos a tener carga aromática, pero sin gusto y, por ende, el sabor nunca aparecerá.

Las copas

Las copas son un elemento necesario para el análisis de los vinos, pues nos ayudan a que éste se exprese de manera adecuada.

Lo primero que hay que comprobar de una copa en una mesa es que no huela a nada, ya que la limpieza colabora para apreciar las características del vino. Una copa sucia provoca que un vino no sea agradable. Es preciso revisar las copas en el restaurante para confirmar que estén limpias.

La fabricación y composición de una copa son importantes para la calidad de la misma. Una de las cosas que más se busca, aparte de la forma, es que sean sumamente delgadas y con ello no interfieran en el paso a la boca.

Las copas deben ser de cristal, material que se crea por la unión del vidrio con algo de plomo o titanio. El plomo permite que la copa pueda hacerse más fina o delgada en su espesor, por lo que cuanto más plomo lleve la copa, más delgada y fina será, pero también más cara.

Las copas deben tener una forma de tulipán, amplias en la cintura y estrechas en la boca. De esa forma habrá una concentración aromática mayor que se distinguirá más fácilmente.

Las copas hechas de cristal tienen la característica de ser ligeramente rugosas, rasgo imperceptible a simple vista, pero que contribuye a romper las moléculas del aroma del vino y olerlo con mayor facilidad. También actúa en la formación de las famosas lágrimas o piernas que se producen por la viscosidad de los vinos derivada del alcohol y el azúcar residual, con lo que se refleja su densidad aparente. Finalmente, es un catalizador de las reacciones de extracción lenta del gas carbónico de los vinos espumosos, y así pone al descubierto parte de la calidad del producto.

Existen diferentes formas para las copas, algunas incluso creadas específi-camente para ciertos varietales de acuerdo con su despliegue aromático. Por ejemplo, las copas de Cabernet sauvignon tienen forma ligeramente de huevo, mientras que las de Pinot noir son más bien redondas y las de Tempranillo romboidales en el cáliz o esféricas. La diferencia de forma permite que los aromas fluyan de manera diferente y se potencialicen los del varietal. Si elegimos una copa poco adecuada para el varietal que tomamos, será menos perceptible su aroma o nos dará aromas extraños.

Sin embargo, no todo es tan complicado. También existen copas universa-les que aceptan cualquier tipo de vino, y ésas son las adecuadas para nosotros, ya que expresan al vino de manera homogénea sin potenciar peculiaridades.

En muchos casos en que no se analiza el vino y se toma por el simple hecho de disfrutar una copa, se puede hacer en un vaso, siempre lo más delgado que sea posible. Si no se está haciendo análisis del vino, lo importante es beberlo y disfrutarlo sin hacer desplantes en torno a él.

Cada tipo de copa expresa el vino de diferente manera, por ello la elección de la misma debe ser adecuada.

No hay que asustarse si algún día
se nos presenta esta imagen; no
hay que analizar nada del vino,
simplemente hay que disfrutarlo.

Foto: Jesús Díez.

Sinergia
gastronómica

¿Cómo se da la alianza mágica?

La sinergia es un término que usaremos en esta obra para hacer la unión entre vino y plato o plato y vino. En esta sinergia los dos cooperan para llegar a la unión perfecta, si alguno de ellos no aporta se cae la unión, lo que en los maridajes o matrimonios no se da.

Está de moda hablar de la sinergia entre platos y vinos. Puede darse de maneras verdaderamente fáciles, basta con prestar atención a las características del plato y del vino para obtenerla. Cualquiera puede lograrla, no está reservada para los grandes conocedores.

La **sinergia gastronómica,** como a quien esto escribe gusta llamar, es la interacción entre vinos y platos. Existe por la correlacion de aromas, gustos y temperaturas entre ellos. El fin es que los dos contibuyan para que se conjugue una unión perfecta. La palabra *maridaje*, que proviene de *matrimonio*, hoy en día no llena cabalmente el requisito de aporte mutuo.

Hay tres tipos de sinergia que pueden encontrarse:

- **Sinergia de complemento,** es decir, que los dos tratan de unir características similares para que exista una unión.
- **Sinergia de contraste,** en la que los elementos de un plato chocarán con los de un vino, pero de forma agradable . En muchos casos la sinergia plato-vino no existe por mucho que se busque, y suele confundirse con sinergia de contraste.
- **Sinergia incitante** o **afrodisiaca,** en la que se produce la reacción interna de ciertas enzimas que provocan placer en el cuerpo.

La sinergia entre los alimentos y vinos se logra por medio de varios funcionamientos.

Para la sinergia hay que tener en cuenta cómo es la estructura del vino y del plato, ligando entonces potencia, gusto, aromas y textura para deleite del paladar.

Por potencia

La primera mecánica establece la sinergia gracias a las potencias de los vinos y los platos. Para platos potentes y pesados, se deben escoger vinos potentes y pesados; para platos ligeros y sutiles, los vinos deben ser suaves y sutiles. Con esta mecánica se entiende que un plato como una carne combinará con un tinto y un marisco con un blanco, por simple equivalencia de potencias.

Aromas

La sinergia con los aromas es la más práctica y fácil. Si ligamos lo que huele un vino con lo que despide el plato, se obtendrá una sinergia muy interesante. La clasificación de los vinos por sus aromas ayuda a conseguir esta mecánica.

Un vino blanco con aromas a frutos cítricos ligará perfecto con platos que contengan frutos cítricos o su relación ácida de ella, como los cebiches y ensaladas. Para los vinos blancos de barrica, sus notas de frutos secos ayudan a ligarlo con platos que contengan aromas semejantes, como las salsas de cacahuate, nuez o almendra, tal como en los famosos chiles en nogada.

Los tintos de aromas frutales, especiados, minerales, se ligan con platos como carne a las brasas, a la plancha, al horno, con salseo, a la pimienta, etcétera. Si se observa, la preparación del plato ayuda mucho a escoger el vino por el varietal o los aromas que éste aporta, como el Tempranillo, que dará notas especiadas; el Cabernet, notas de pimiento o chile; el Pinot, de suelo mojado; el Shiraz, de chocolate, y así con los demás aromas.

Gusto

El gusto de los alimentos es un punto de partida. Todos tienen gustos diferentes, unos más ácidos, otros más dulces, algunos más salados. Si tratamos de acercarlos armonizando esos gustos, tendremos una sinergia muy interesante.

Sabemos que el gusto tiene cuatro vertientes: dulce, salado, ácido y amargo. Cuando se come algo ácido como un cebiche, hay que escoger un vino con características ácidas, como los blancos jóvenes. Si el plato es más bien dulce, la mecánica es seleccionar un vino con un ligero rastro dulce, que nosotros llamamos "abocados". Un ejemplo es la comida tailandesa o japonesa, que tienen notas dulces o agridulces, por lo que irán perfecto con los rosados o blancos ligeramente dulces.

La comida japonesa y asiática, en general, hace sinergia perfecta con los vinos rosados secos y abocados, gracias a sus salseos ácidos y agridulces.

Textura

Con la textura pueden ligarse los elementos a partir de su estructura en densidad, cremosidad, aceitosidad, granulosidad, fibrosidad, incluso por su contenido de agua. Así, tenemos por ejemplo los elementos crujientes en los que el agua no está presente, con sensación diferente en boca, o las espumas, que ofrecen una sensación líquido-aire.

Efervescencia

Los vinos con gas carbónico tienen la peculiaridad de que hacen que la expresión de los alimentos sea más notoria y su acidez ligue con casi todos los platos. Por eso se dice que los vinos espumosos son de sinergia universal.

La efervescencia en los vinos espumosos hace que los aromas de los alimentos sean más volátiles y perceptivos a nuestros sentidos, por ello y por su acidez alta son los mejores para hacer sinergia con cualquier plato, desde los potentes, pasando por los ligeros y ácidos y terminando con los postres.

Mineralidad

La mineralidad es menos notoria para hacer sinergia, pero ayuda con platos que tengan esta característica y vinos similares. Aquí podrían incluirse platos muy mexicanos como los insectos, hongos o larvas con su sabor más cercano a la tierra, que ligarán con vinos de connotaciones minerales como los mexicanos o italianos.

Dulzor

La nota dulce en los vinos liga perfecto con los platos dulces. Aquí el procedimiento consiste en que el vino sea siempre más dulce que el plato, porque la acidez de éste ayuda a aligerar la carga dulce de los dos. En este caso, la sinergia se obtiene con

La sinergia ideal en una mesa es escoger el vino adecuado para los diferentes alimentos que se van a consumir. Por ello, podemos estar degustando diferentes vinos en una misma mesa, dependiendo el alimento que vamos a comer. Para ello, el copeo es ideal.

un plato dulce o postre y con un vino dulce pero de buena acidez. La acidez limpia la boca para que no perdure la sensación de saciedad y resulte agradable el paso final de la comida, aunque esto lleve a la gordura.

En los platos existen también sinergias entre sus elementos, los cuales deben tener un balance de aroma, gusto (ácido, dulce, salado y amargo), textura (crujiente, aceitosa, arenosa), temperatura y, por supuesto, la porción de soporte o elemento principal.

Pero la más importante, sin duda, es la nota ácida que todos los platos llevan y que facilita el ligue con la acidez de los vinos.

Ingredientes complicados

Entre los ingredientes complicados que chocan de manera notoria con los vinos están:

- **Alcachofas, espinacas y espárragos.** Por sus contenidos minerales chocan con los vinos, cambiando la percepción de estos últimos hacia notas férricas y muy minerales, con lo que se desvirtúa el equilibrio del vino y se potencializan las notas amargas
- **Huevo.** Por su estructura, potencializa aromas no agradables.
- **Ajo.** Por su potencia, no deja expresarse al vino y nubla su percepción.
- **Pimientos.** Por su potencia, opacan a ciertos vinos.
- **Cebollas crudas.** Por su estructura y potencia, desvirtúan los aromas y gustos del vino.
- **Helados.** Por el choque térmico con los elementos del vino.
- **Vinagretas mal integradas.** Hacen que los vinos parezcan avinagrados.
- **Alimentos agridulces,** que deben comerse con vinos semidulces o abocados.

Algunos elementos hacen más complicada la sinergia, pero siempre habrá vinos que ayuden a lograrla, incluso con los más complicados.

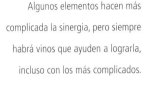

Tips para ligar vinos

Además de considerar los elementos que integran un plato y un vino, es importante prestar atención a otras cosas, como la ocasión y el estado de ánimo.

Muchas veces escogemos un vino no tanto por lo que nos gusta, lo que se nos antoja o lo que resulta adecuado, sino por la recomendación de alguien que no sabe qué vamos a comer ni con quién. Por eso, algunos tips nos pueden ayudar a escoger un vino.

Los vinos tienen personalidad, tanto del enólogo que los elabora, como del suelo de donde surgieron. También las diferentes personalidades de nuestros conocidos van con un vino diferente, o simplemente nuestro estado de ánimo en el momento influye para elegir uno.

¿Con quién?

Para escoger un vino, lo primero por considerar es quién lo tomará con nosotros. Puede ser que la persona que se siente invitada no haya tomado un vino en su vida y nosotros la queremos sorprender con un gran vino, de estructura y potencia. El resultado será que a esa persona no le gustará el vino, lo tomará por compromiso o, en última instancia, dejará la copa servida.

Tenemos que ayudar a esa persona a que entienda los vinos por medio de acercamientos fáciles. No perderemos categoría si escogemos un rosado o un blanco fresco para nuestro acompañante.

¿Primero el plato o primero el vino?

Siempre que uno va a un restaurante específico es porque nos gusta su comida, por lo que nuestra recomendación dicta que se escoja primero la comida y luego el vino de una buena cava que seguro tendrá. Puede hacerse a la inversa, cuando uno lleva un vino especial a un restaurante y escoge el plato adecuado para éste. Los dos procedimientos son muy válidos y diferentes.

¿De fiesta?

Si se va a una fiesta, primero hay que averiguar qué se va a comer, pues la comida puede interferir con el vino que se lleve. Si la comida será muy picante, obsequiar algo poco tánico y fresco para que el paladar se relaje. Si será grasosa, llévese un tinto potente. Si es ligera, como una pasta o un arroz, el vino ideal será un tinto joven o un blanco de poca barrica.

Siempre hay que tener cuidado con la temperatura de los blancos y tintos, ya que un tinto a baja temperatura es amargo y muy tánico por desequilibrio.

Siempre que se elija un vino, debe hacerse para dar gusto a quien se regala, no hacerlo porque es caro o de moda; es más importante que le guste el contenido a que la botella sea bonita y no sea su estilo.

¿Diferentes vinos en la comida?

Hoy en día, los restaurantes nos ofrecen sus menús de degustación, que consisten en ofrecernos pequeñas porciones de comida ligada a vinos específicos para que resalten los dos. Estos menús siempre empezarán por platos ligeros, pasarán a los potentes y luego a los dulces. Este mismo funcionamiento se utilizará para los vinos que vayan ligando con los platos de menos a más, y a veces llegan a ser siete o nueve diferentes platos, con sus respectivos vinos, lo que provocará una verdadera exaltación de los sentidos.

Saliendo un poco de la sinergia ideal, cuando el calor apriete en el día, vinos blancos o rosados; cuando el frío se haga presente, tintos es lo ideal. Seguramente los alimentos también estarán en la misma línea.

¿Vino de estación?

En México no tenemos la costumbre de beber vinos de la estación. En verano los vinos que se antojan por el calor son los blancos, pero nosotros los intercambiamos por los tintos porque seguramente creemos que son de mayor categoría. Lo mismo pasa en la playa, donde hace mucho calor y solemos tomar vinos muy potentes y estructurados, cuando los rosados, tintos jóvenes y blancos son los ideales por el calor y la comida.

El *sommelier* debe ayudar a elegir el vino adecuado para un cliente, dependiendo del plato, clima y compañía, brindando varias opciones de precio adecuado al cliente, y nunca tratar de imponer su gusto o precio.

Lo que hay que saber del servicio

Botella

La botella es importante, ya que nos proporciona, además de la primera impresión, junto con la etiqueta, una protección contra el vino. Todas las botellas están hechas de vidrio, que es un material inerte. Esto quiere decir que el vino no sufre cambios debido a este material, aunque sabemos que la última fase de evolución el vino la consigue ahí.

Las botellas de vidrio, desde la antigüedad, son consideradas ideales para la guarda del vino, ya que es un material inerte. En muchos casos, se pintan de color verdoso o café para evitar que los rayos ultravioleta decoloren el vino en los tintos más comúnmente.

El vidrio por lo general está hecho de sílice y un colorante llamado óxido ferroso, que le confiere ese típico color verdoso. También las hay de color marrón, pero está en desuso. El color verde de las botellas tiene diferentes tonalidades y es decisión de los enólogos y dueños seleccionar el que más satisfaga sus gustos. La tonalidad verdosa ayuda a los vinos, ya que filtra los rayos ultravioleta del sol, responsables de la decoloración en los tonos rojos, con lo que se perdería una carga importante del vino.

Formas

Las botellas se han utilizado como un distintivo de la zona desde hace muchos años. Sabemos que existen botellas tipo borgoñés (de Borgoña), bordelesa (de Burdeos), alsaciana (de Alsacia), de bolsa de cabra o *bockbeutel* (de Franconia), la champañera (de Champagne), la de Chianti o las jerezanas y de Oporto con formas particulares. De hecho, ya en el año 1560 se utilizaban distintivos en botella para la zona de Rioja, hasta llegar a los nuevos diseños de botellas troncocónicas, con más vidrio o formas caprichosas.

Esas formas diversas ayudan en cierta manera a saber cómo es el vino. Si encontramos una botella tipo alsacia-no, el vino que probablemente contenga será blanco, fresco, ligero y de buena acidez, aunque hay casos en los que los tintos también tienen cabida en estas botellas.

Las bordelesas son las botellas que más encontra-mos en el mercado. Tienen un cuello y bajan a una zona que llamamos "hombros", notorias y eviden-tes, porque adquieren esa forma en donde se en-sancha la botella. Se usa por lo general para los vinos de añejamiento que pudiesen tener sedi-mento y con esa forma es mucho más fácil de-cantarlos y eliminarlo.

Las botellas tipo borgoñés, a diferencia de las bordelesas, no suelen tener hombros, con lo que el producto que contienen seguramen-te no tendrá mucho sedimento y el decanta-do se haría sólo en ocasiones especiales.

Además de la forma, el tamaño de la bo-tella es muy importante. Las más conocidas son las botellas de 750 y de 375 ml. Co-mercialmente, son las que mejor conser-vación nos dan en los vinos. Existen al-gunas de volúmenes superiores, como la mágnum, una botella doble que contiene 1500 ml.

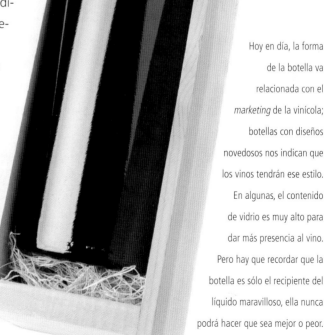

Hoy en día, la forma de la botella va relacionada con el *marketing* de la vinícola; botellas con diseños novedosos nos indican que los vinos tendrán ese estilo. En algunas, el contenido de vidrio es muy alto para dar más presencia al vino. Pero hay que recordar que la botella es sólo el recipiente del líquido maravilloso, ella nunca podrá hacer que sea mejor o peor.

Dentro del sinfín de tamaños y formas que existen de botellas, tenemos desde las que dan una copa hasta las que se abren en la boda de una hija con 30 litros de capacidad. Del volumen depende la conservación, a mayor volumen mejor conservación.

Estos son los tamaños:
- Cuarto, 187 ml
- Media, 375 ml (estándar)
- Tres cuartos, 750 ml (estándar)
- Mágnum, 1500 ml
- Jeroboam, 3 ℓ
- Matusalén o Imperial, 6 ℓ
- Salmanasar, 9 ℓ
- Baltasar, 12 ℓ
- Nabucodonosor, 15 ℓ
- Salomón, 18 ℓ
- Primat, 27 ℓ

La modernidad

En la actualidad encontramos en el mercado botellas de todos tipos, pero las que están revolucionando el mercado son aquellas en las cuales la cantidad de vidrio es mayor, por eso son más pesadas y gustan más a la gente. Para producirlas, el costo es mayor que lo normal por la cantidad de vidrio.

El fondo de la botella

Todas las botellas tienen en la parte de la base una concavidad que les sirve para dar estructura al vidrio. A diferencia de lo que suele pensarse, no es para retener sedimentos o servir el vino.

La concavidad será más profunda de acuerdo con el peso de la botella o la cantidad de vidrio, así como por el uso que se le dará. Por ejemplo, las que son de vino espumoso necesitan resistir presiones altas de gas carbónico y, por ello, hace falta más resistencia y en consecuencia más concavidad.

El corcho

El corcho proviene de un árbol llamado *alcornoque*, el cual genera una corteza como protección del medio ambiente. Esa corteza es el corcho. A diferencia de lo que se ha dicho, el corcho es renovable, por lo que no es necesario talar el árbol, sólo se elimina la corteza después de varios años, cuando tiene espesor y madurez.

El corcho lo descubrieron los portugueses y lo usaron para tapar sus contenedores y ánforas por su propiedades de elasticidad e impermeabilidad. Hoy se utiliza para el taponado de las botellas. Los hay de muchos tamaños y calidades y se escogen tomando en consideración la calidad del vino.

Una de las características del corcho es su gran compresibilidad, ya que el aire constituye 85% de su volumen y eso le permite comprimirse para introducir-

La concavidad del fondo de la botella es importante porque da estructura al vidrio, aunque no implica mejor calidad en el vino. No sirve para contener los sedimentos, ni tampoco para el servicio del vino, aunque bien se puede usar en esto último, pero sin ser primordial la forma.

lo en la botella y, cuando se expande dentro, se convierte en un cierre hermético cuya fricción ayuda a que no se salga de su lugar. Otras características son su calidad de aislante térmico y un poder de recuperación importante, ya que cuando lo sacamos de la botella tiende a recuperar su tamaño normal. Es además incorruptible, impermeable, antihumedad, resistente a grasas y disolventes, de gran ligereza y, seguramente, muchas cosas más.

El corcho presenta calidades diferentes. Podemos analizarlo al sacarlo de la botella. Lo primero que hay que ver es su longitud. Los corchos de mayor calidad tienen 55 mm. De ahí disminuyen hasta llegar a los 45 mm en vinos de calidad y, menor a esa medida, para los de calidades bajas. Otro de los aspectos por analizar en el corcho es su estructura: hay que cerciorarse de que las paredes estén lisas y libres de imperfecciones.

Quercus Suber es el nombre del llamado alcornoque, cuya corteza resistente al fuego es el corcho, perfecto para cerrar los vinos. El corcho es un elemento indispensable en calidad para que los vinos reposen con seguridad durante largos años en la cava.

También puede analizarse si al apretar el corcho por la barriga tiene elasticidad o no, pues esa memoria del corcho indica que tiene humedad y posiblemente la botella estaba en posición acostada en su guarda, indicativo de que la conservación fue buena.

Existen corchos de aglomerado elaborados con los recortes comprimidos para dar la forma. Este tipo de corcho es de menor calidad y menor costo, por lo que se encontrará en vinos de consumo rápido y precio económico.

Corchos sintéticos

Existen hoy en día, y desde hace unos 15 años, tapones sintéticos que cumplen la misma función que el corcho. De hecho, la tecnología ha creado copolímeros de polietileno con microaireación para simular las condiciones del corcho. La aplicación de estos corchos economiza la producción del vino y no debemos asustarnos cuando al descorchar salga un tapón de color rojo.

Los tapones sintéticos se utilizan para vinos de consumo rápido y económicos, mientras que el corcho se sigue utilizando para los grandes vinos de guarda, posiblemente porque al sintético le faltan años de estudio y adaptación tecnológica para saber qué pasará en el futuro.

Dentro de este tipo, vamos a incluir también la taparrosca o *screw cap,* que gana aceptación por la facilidad para destapar sin descorchador y por su sello hermético. En esta modalidad se están desarrollando taparroscas con una ligera microaireación para dar al vino ese toque de aire que el corcho suministra.

Posición de la botella

Después del corcho y la botella, nos referiremos a la posición inclinada que deben tener las botellas tapadas con corcho. Esto es necesario porque el vino debe proporcionar la humedad adecuada para que su estructura permezca intacta, pues con la pérdida de humedad habrá tambien pérdida de volumen en el corcho y posibles fugas de líquido y entradas de aire, muy perjudiciales para el vino.

En el caso de los tapones sintéticos y la taparrosca, esto no es necesario, por lo que se encontrarán las botellas colocadas de pie en una estantería sin que esto represente un peligro para el vino.

Existen tapones hechos de aglomerado de cortes de corcho y tapones sintéticos, cuyo fin es hacer las veces del corcho pero con un precio menor.

La posición típica de las botellas siempre fue acostada en la cava, simplemente porque todas las botellas estaban tapadas con corcho; con esto el corcho siempre estaba húmedo e hinchado, evitando que entrara aire o saliera vino. Con la nueva tecnología, las botellas tienen taparrosca o tapón sintético, con lo que no es necesario acostarlas.

La etiqueta

En nuestros días, la etiqueta es uno de los elementos más importantes de la botella. Representa el primer contacto del comprador, por lo que debe ser llamativa, con buen diseño y colores adecuados al estilo del vino o al de la bodega.

Se han convertido en una moda, al grado de que existe un área especial en el diseño para este tipo de etiquetas. Cada una se elabora para las necesidades del producto y el gusto del productor.

En la etiqueta debemos encontrar los detalles mínimos de producción de un vino: lugar de producción (DO –denominación de origen– o zona), país de producción, cosecha o añada (con ella sabremos si el vino es joven o añejo), volumen (casi todas son de 750 ml), nombre del vino (que denota su personalidad), algún diseño que represente la idea del vino, la variedad de uva (sobre todo en los vinos del nuevo mundo) y, por último, el nivel alcohólico (nos ayuda a saber si los vinos son potentes y estructurados o ligeros y sutiles).

Los avances tecnológicos también han llegado a las etiquetas y hoy el código de barras nos comunica la ficha técnica (características de elaboración del vino) o la ficha de cata (características aromáticas y gustativas del vino) cuando lo pasamos por un lector adecuado. También existen termómetros incluidos en la etiqueta que indican la temperatura adecuada del vino. En algunos casos, la etiqueta o la contraetiqueta señalan el tiempo de guarda, el maridaje y la ficha de cata.

En cuanto a las formas, encontraremos muchas; las hay de todo tipo, incluso algunas que se conforman de varias etiquetas que integran una más grande.

La etiqueta constituye el primer acercamiento con la botella; una etiqueta antigua o moderna da referencia del vino que la botella contiene. Hoy en día, existen etiquetas de todos tipos, desde suajadas en varios cortes, hasta redondas que son difíciles de pegar. Pero todas ellas obedecen a la forma de la botella para lograr una armonía visual.

Cápsula o lacre

La cápsula es un elemento ornamental de la botella, generalmente va de acuerdo con el diseño de la etiqueta. En algunos casos se sustituye por lacre, que es un tipo de cera derretida en la punta de la botella. Aunque también pueden ir sin cápsula ni lacre.

Antiguamente, las cápsulas estaban hechas de plomo. Por ello algunas personas aún utilizan la expresión "quitar el plomo". Sin embargo, este elemento ya no se utiliza desde hace unos 20 años, porque como metal pesado es un fuerte contaminante. Hoy las cápsulas se hacen de estaño, plástico, aluminio o lacre.

El uso de la cápsula significaba un refugio al corcho del medio ambiente, el polvo, la suciedad, etc., aunque no del oxígeno, como se cree, ya que las cápsulas sólo están embutidas y no forman un sello hermético. Las cápsulas siempre hacen juego con los colores de la etiqueta. En realidad sirven para eso, para vestir la etiqueta. Las hay de colores, diseños y formas diferentes, según el gusto de cada elaborador.

La cápsula se debe retirar para el servicio del vino y suele cortarse por la parte alta, con una navaja de descorchador o aditamentos de corte especiales para ello.

Existen botellas que no tienen cápsula, lo que no implica nada. Es una costumbre moderna de comercialización que no afecta al vino y disminuye costos.

El lacre también sirve de cápsula y la única característica que lo hace diferente es que sí constituye un sello hermético. En la antigüedad se sellaban las botellas con el lacre; hoy se utiliza más bien como elemento decorativo en vinos de élite.

Conservación

Para la conservación del vino, lo único que se debe tener es sentido común. Se debe guardar en lugares aislados, libres de movimientos, ausentes de luz, con temperatura constante, humedad elevada sin sobrepasar 80%, recostados, sin movimiento ni vibración, donde no haya olores penetrantes porque el corcho los absorbe. Si se tiene un lugar así, se acaba de descubrir una cava. Estos lugares antiguamente eran las partes inferiores de las escaleras que contaban con temperatura constate y baja, humedad por la colindancia, libres de vibración y movimiento y ausentes parcialmente de luz.

Hoy existen modos más modernos que ayudan a la conservación, como las cavas o armarios refrigerados, muchos de ellos con doble temperatura para tintos y blancos, con los que se tendrán a la temperatura ideal para servirlos y degustarlos. Hay quien opta por la construcción de una cava en su casa en algún espacio pequeño o incluso grandes espacios que albergan muchos tipos de vinos, todos ellos controlados en cuanto a temperatura y humedad por aparatos complicados, eficaces y modernos.

La esencia de la conservación es que los vinos tengan una temperatura adecuada, de alrededor de unos 15 oC, para la evolución lenta en la botella. En esas condiciones, muchos pueden durar o resistir treinta años con facilidad, pero sólo los vinos que fueron elaborados con esa idea, pues no todos tienen esa capacidad.

La temperatura ideal de la cava de conservación de los vinos debe ser de entre 14 y 15 °C para todos los vinos. La temperatura de consumo varía ligeramente y se adecua al momento de degustar el vino.

Temperatura de degustación

La temperatura de degustación de los vinos debe entenderse no como un número frío para cada vino, sino un nivel adecuado donde los componentes del mismo van a tener una integración perfecta. No es tan difícil, sólo hay que analizar los vinos y sus características para saber a qué temperatura beberlos.

He aquí una lista de los vinos, sus características y por qué beberlos a cierta temperatura.

Existen diferentes modelos de termómetros que ayudan a conocer la temperatura del vino.

- **Espumosos.** Son vinos con característica de gas carbónico y gran acidez. Es ideal tomarlos a 5 o 6 °C. Con esa temperatura el gas carbónico escapa lentamente y la acidez es notoria; si se eleva, la acidez desaparece. Por otro lado, los aromas se desprenden a los 6 o 7 °C de temperatura, y si degustamos a otra temperatura los aromas, algo muy importante en estos vinos, serán escasos o nulos.

- **Blancos sin barrica.** Sus aromas son cítricos y de gran acidez, por lo que la temperatura ideal también debe ser baja, pero no demasiado, para que los aromas fluyan con más facilidad. Los 6 o 7 °C resultan perfectos para que se aprecie la acidez.

- **Blancos con barrica.** En este caso, los aromas serán de frutos tropicales, algo de cítricos y notas de madera con tanino. Entonces, es necesario subir la temperatura un poco más. Aunque existe buena acidez, el tanino se potencia con la temperatura baja, por lo que la temperatura perfecta es de 8 o 9 °C para estos vinos.

- **Blancos fermentados en barrica.** Son vinos más corpulentos a causa de su paso largo por barrica. Los aromas son de frutos secos y algo de tropicales, con madera más marcada y más tanino. La acidez es menor, por lo que podemos subir la temperatura a fin de que la mayor cantidad de taninos no se perciba tanto y los aromas más densos de frutos secos se desplieguen con facilidad. Entre 10 y 12 °C se halla el punto perfecto.

- **Rosados.** Estos vinos tienen característica de blanco por su buena acidez y de tinto por su ligero contenido de tanino de la uva. Para ellos la temperatura perfecta es de 13 °C, ligeramente arriba de los blancos, para evitar que el tanino se note, y debajo de los tintos, para que la acidez resalte.

- **Tinto joven.** Tienen como característica aromas a frutos rojos, alcohol bajo, tanino bajo, aunque gran carga de aromas con buena acidez. Estos vinos son ideales a 16 °C o cerca de esa temperatura, para que resalte su juventud.
- **Tintos potentes.** Son corpulentos, de gran nivel alcohólico, estructura tánica intensa y acidez media, de carga aromática a frutos negros. Su temperatura ideal son los 17 °C, para que el alcohol no se potencialice y la acidez sea notoria, sin que el tanino sobresalga.
- **Añejos.** Estos vinos tienen carácter aromático animal, como aromas de cuero y piel, el tanino ha disminuido y la carga frutal es menor. Por ello, la temperatura será ligeramente más alta: 18 o 19 °C es perfecto.

Tabla de características del vino para determinar su temperatura ideal.

La temperatura es importante para guardar el equilibrio

Tipo de vino	Características del vino	Temperatura
Espumoso	CO_2, acidez, aroma	5 a 6 °C
Blanco sin barrica	Acidez alta, aroma cítrico, bajo alcohol	6 a 7 °C
Blanco con barrica	Acidez y alcohol medio, tanino medio	8 a 10 °C
Fermentación en barrica	Acidez media, alcohol alto, tanino medio	10 a 12 °C
Rosado	Alta acidez, alcohol medio, tanino bajo	13 °C
Joven	Alta acidez, bajo alcohol, bajo tanino	15 a 16 °C
Potente, reseserva	Acidez media, alto alcohol, alto tanino	17 a 16 °C
Añejo	Baja acidez, medio alcohol, tanino sutil	18 °C
Generoso blanco	Acidez media, bajo alcohol, azúcar	10 °C
Generoso tinto	Acidez media, alto alcohol, azúcar	10 a 12 °C

Tiempo de vida

Todos los vinos tienen un tiempo de vida diferente y varía conforme la composición de su equilibrio. Uno de los aspectos más importantes es el origen del suelo en donde se plantó la uva, y los suelos calcáreos son los ideales para generar los frutos perfectos para vinos de gran longevidad. Otra de las características es el contenido en alcohol, que sirve como conservador. La relación es simple: cuanto mayor sea el azúcar, más alcohol y ayuda para la conservación. También debe considerarse la extracción de tanino durante la elaboración: a más carga, mayor longevidad. Sin embargo, hay que tomar en cuenta que la astringencia aumenta con la cantidad de tanino, así que cuanto más pulido esté en el viñedo, mejor.

Los tres aspectos anteriores, junto con algunos más, nos dan cosechas excelentes para vinos de guarda, pero todavía existe otro punto por considerar: la estabilidad climática del año de la cosecha. Si éste es constante y sin muchos altibajos, seguramente tendremos una uva de gran calidad para buenos vinos de gran longevidad.

Para hacer un análisis rápido de la longevidad que los vinos pueden soportar, se aplica una relación que ayuda a saber cuánto guardar un vino o cuándo consumirlo. Es muy simple, sólo hay que tomar en cuenta el tiempo de barrica y hacer un pequeño cálculo.

El tiempo de barrica siempre se indica en la ficha técnica del vino. Si dice que el tiempo de barrica de un vino es de doce meses, no es capricho del elaborador, sino el tiempo que tardará en hacer que los taninos de la uva se suavicen para ser degustado, y esa cantidad de tanino está relacionada con la extracción aplicada durante la elaboración.

Si tenemos doce meses de barrica, lo normal es que un vino repose doce meses en una botella, aunque el enólogo podrá ir degustando y decidir su tiempo óptimo para la estancia en barrica. Sin embargo, la relación es muy real. Si tenemos doce meses de barrica y doce de botella, el tiempo de elaboración alcanza 24 meses antes de salir al mercado. Ya

Todos los vinos tienen un tiempo de vida como el de nosotros, nacen, están en su mejor época, decrecen y se vuelven vetustos. Hay que degustar el vino en su momento de cúspide, que es cuando mejor está. Hoy en día los vinos no se envejecen.

en venta, el tiempo de estancia en guarda podrá calcularse como máximo el doble de esta cantidad, o sea 48 meses, pero 36 es la media perfecta (uno y medio del tiempo de elaboración).

Si sumamos 24 meses de elaboración con 36 meses en el mercado, el resultado será 60 meses desde el momento de la cosecha. Después de esos cinco años, el vino quizá empiece a entrar en decadencia, lo cual no significa que sea malo, sino simplemente que su expresión no es la que el enólogo propuso. Aplicando esto cuando se compre un vino, obtendremos una idea de su tiempo de vida para consumirlo oportunamente.

La relación final es: a mayor extracción de tanino, mejor uva; a mejor uva, mejor tanino; a mejor tanino, más extracción; a mayor extracción, más tiempo de barrica-más tiempo en la botella; a mayor relación entre barrica y botella, más longevidad en cava. Siempre hay que considerar que los vinos se desarrollan de forma particular según suelo, varietal, clima, elaboración y, por supuesto, región.

Hay vinos jóvenes de consumo rápido dentro de los tres primeros años de vida. En segundo lugar, tenemos aquellos con más estructura y potencia, que resistirán durante unos siete años. Finalmente, se hallan las grandes cosechas, que alcanzan a resistir 50 o más años.

Clasificación de los vinos por elaboración de reserva.

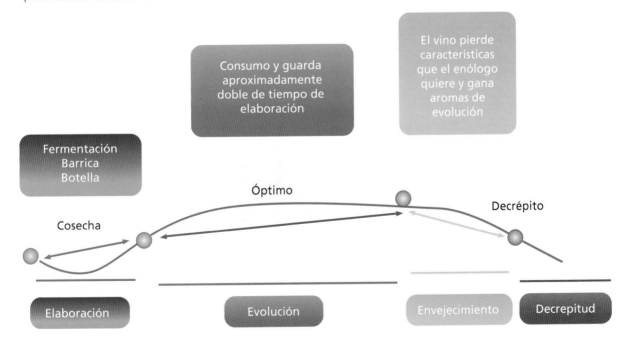

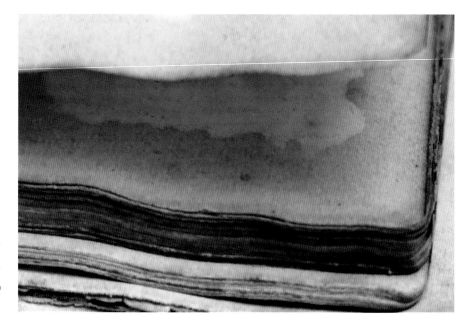

El defecto más común en un vino es el acorchado, y es producido por la calidad o tratamiento del corcho, éste adquiere un aroma a periódico viejo o a hoja de libro viejo.

Defectos del vino

Nombraremos los defectos del vino más comunes para no perdernos en la gran cantidad de ellos que existen. En nuestros días la tecnología de bodega ayuda a que estos defectos sean menores.

- El **aroma a corcho** se produce debido a una contaminación en éste, no en el vino. Por eso muchos productores han cambiado a los tapones sintéticos o taparrosca. El origen es una sustancia llamada TCA (tricloro anisol), que huele a humedad sucia, libro viejo o periódico antiguo. Es el defecto más común en los vinos

- El **carácter aromático a ácido acético o vinagre** es otro derivado de la contaminación, en este caso del déficit en el control de la fermentación o por aireación del vino en botella a causa de un fallo del sello (corcho). Estos dos motivos son los más comunes, aunque hay otros.

- Otro defecto común se presenta cuando los vinos empiezan su **proceso de decadencia.** En ese momento los aromas cambian de los frutales a los animales (cuero), para terminar en los aromas oxidados llamados "amontillados". Puede ser bueno en unos vinos, malo en otros.

- El **aroma de caballo,** parecido a los anteriores, es típico en algunos vinos en cantidades sutiles. Cuando tales cantidades aumentan notablemente, se considera un defecto.

- Hay problemas que provienen de la **higiene en la producción,** tanto de la uva que entra del viñedo como en los procesos de elaboración, lo que acarrea aromas extraños en un vino, como el de espárragos enlatados, coliflor o cebolla.
- Algunos más son resultado de la **mala conservación,** el mantenimiento de los vinos en la luz o el contacto con aromas de solventes.

Para saber si un vino tiene defecto, hay que descorchar, oler y probar. En este caso, la asociación con los aromas y sabores de otros vinos nos da una referencia clara en cuanto a si el que probamos es adecuado para el consumo o no.

Hoy en día lo más importante en una vinícola es la limpieza, ya que con ella se evitan casi todos los defectos de los vinos. Foto: Jesús Díez.

Dónde y cómo comprar un vino

Para comprar un vino, basta un poco de sentido común. Si queremos adquirir uno de bajo precio, con calidad similar, posiblemente las grandes superficies ofrezcan una buena cantidad de esos productos. Es probable que encontremos algunos de gran calidad y precio, pero siempre debe tenerse presente que esas tiendas dan preferencia al margen y no escogen los vinos por su calidad.

En las tiendas especializadas el precio siempre será más elevado, pero el detalle importante es que escogen el vino por la calidad, no por el margen. Si

Hoy en día, las tiendas especializadas nos pueden dar una gran ayuda para comprar un vino, ya que éstas los escogen por su calidad y no por el precio.

vamos a comprar un vino y tenemos un presupuesto fijo, podemos optar por la segunda, que seguramente nos ofrecerá por el mismo precio una variante de mayor calidad.

Los pasos para comprar un vino son simples. Primero, hay que saber de qué nivel de precio queremos nuestro vino. Si se parte de ahí, las cosas se facilitan mucho, ya que sólo el rango que queremos tendrá importancia. Acto seguido, habrá que determinar la uva que nos gusta, así como la región. Por último, queda la elección de la etiqueta de nuestros gustos.

Un segundo procedimiento de elección puede enfocarse hacia la sinergia gastronómica o maridaje. Para ello habrá que escoger antes que nada un vino acorde con los alimentos que vamos a degustar. Después seguimos los pasos anteriores de precio y zona.

Una tercera forma de escoger depende de la potencia que queremos en nuestro vino. La base será entonces el nivel alcohólico y el tiempo de barrica, que nos indicarán someramente la estructura del vino y su posible duración, aromas y sinergia con los alimentos.

Escoger un vino no es complicado. Basta con saber para qué lo queremos, si para una parrillada o para una cena de gala.

El servicio

Hablando del servicio, poco podemos señalar después de las publicaciones específicas que existen, pero repasaremos todos los pasos para tener una referencia clara.

Qué escoger

En primer lugar, se debe seleccionar un vino para degustarlo, ya sea solo o con alimentos. La relación fácil es escoger un vino sabiendo qué se va a comer, pero también se puede hacer al revés, optar por el vino que guste y ligarlo con los alimentos.

El vino puede elegirse de dos maneras: la primera es que vaya perfectamente con las características del plato, y la segunda y más divertida es escoger un vino que guste o quiera tomarse y luego elegirle un plato según el gusto del vino. Si ninguna es convincente, hay que dejarse ayudar.

Descorchar una botella en algunos lugares es cuestión de lujo, sofisticación y elegancia, pero podemos hacer lo mismo, siendo más mundanos, guardando algunos pasos para un buen descorche. Es importante la degustación previa, ya que con ello se decide la calidad.

Seleccionar el vino por la uva es más fácil que por la marca. Decidir la uva que más guste y con seguridad habrá muchas opciones de diferentes países para elegir.

Verificar la temperatura

Siempre es importante palpar el vino con la mano para saber si la temperatura es la adecuada. Podemos hacerlo también con termómetros externos o sumergibles, pero sólo cuando descorchamos la botella. En los restaurantes existen *sommeliers* que nos pueden ayudar a que la temperatura sea perfecta.

Descorche

Con la botella de frente al cliente y sin moverla, se corta la cápsula por delante y por detrás, para después retirarle la parte superior. Se limpia con una franela limpia la boca de la botella y se procede a descorchar.

En el descorche, la salida del corcho debe ser silenciosa (las botellas de vinos de mesa o tranquilos no suelen llevar presión, por ello debe hacerse en silencio).

Servir el vino

Se sirve un poco de vino a fin de que el cliente lo huela, lo deguste y decida si tiene calidad adecuada. Hay muchas uvas en el mundo, todas ellas con aromas diferentes. Por eso conviene analizar de qué uva se trata para saber si el vino se encuentra en condiciones adecuadas. No es aceptable regresar el vino porque nosotros no reconocemos los aromas aunque éstos sean agradables.

Como puede apreciarse, los vinos son una mezcla de pasión, naturaleza, diseño, expresión, modernidad, tecnología y estilo con el único fin de llevarnos a lugares que nuestra memoria guarda, con esto el espíritu se eleva y el alma se tranquiliza.

Son tan sencillos que todos podemos beberlos y ligarlos con los alimentos, compartirlos o disfrutarlos solos, ya que ahora que se tienen fundamentos básicos los apreciaremos mucho más. Seguramente haciendo eco de aquel refrán que versa: "El que más sabe de vinos, más los disfruta", empieza a tomar verdad irrefutable… Salud y abrazos.

Glosario

Términos para cata

Abocado: Vino literalmente dulce.

Acerbo: Vino poco agradable, áspero, con mucho extracto.

Afrutado: Vino con sabor a uva fresca.

Agrio: Vino avinagrado, picado.

Armónico: Vino equilibrado.

Aroma: Perfume de los vinos jóvenes.

Aromático: Vino con olor intenso y suave.

Áspero: Vino astringente, con mucho tanino.

Aterciopelado: Vino suave y untuoso.

Bouquet: Cualidades aromáticas del vino especialmente desarrollado en el añejamiento.

Bouquet.

Breve: Vino con sabor poco persistente.

Brillante: Vino limpio y transparente.

Caliente: Vino con alto grado alcohólico.

Capa: Se aplica a vinos con mucho color y extracto.

Crudo: Vino poco hecho.

Cuerpo, vino de: Vino completo, con fuerza alcohólica, rico en extracto y de pronunciado sabor.

Débil: Vino bajo en alcohol, extracto y color.

Decrépito: Vino defectuoso por exceso de añejamiento.

Delicado: Vino con finura y calidad. Aplicado al vino corriente significa poco sano.

Desvaído: Vino con poco aroma.

Equilibrado: Vino bien constituido, con armonía en sus componentes.

Finura: Se dice del vino con aroma delicado.

Franco: Vino sin defectos, con olor y sabores naturales.

Fresco: Vino joven, con moderada acidez y afrutado.

Fuerte: Vino con mucho alcohol.

Ligero: Vino con poco cuerpo.

Límpido: Vino transparente, no turbio.

Maduro: Vino muy envejecido.

Nariz: Aroma del vino.

Natural: Vino no adulterado.

Neutro: Vino sin características.

Picado: Vino avinagrado y turbio.

Picante: Vino rico en anhídrido carbónico.

Precoz: Vino con buena calidad que evolucionó en poco tiempo.

Redondo: Vino equilibrado, armónico.

Robusto: Vino fuerte y bien constituido.

Sedoso: Vino suave y agradable.

Tierno: Vino ligero y poco ácido.

Untuoso: Vino rico en glicerina y materia péptica.

Verde: Vino ácido, hecho con uvas poco maduras.

Límpido.

Vocabulario técnico

Abocado: Vino semidulce o *amábile*.

Acescencia: Picado, avinagramiento. Defecto grave del vino.

Aguardiente: Producto alcohólico obtenido en la destilación del vino.

Aguja, vino de: Vino que contiene anhídrido carbónico, pero no produce espuma (*petillant*). Se elabora mezclando con el vino uvas enteras o pastificadas, productoras de una fermentación que estará activa al hacer el embotellado. También se hace siguiendo los métodos de los vinos espumosos, pero generando por CO_2.

Alcohol etílico: Compuesto orgánico, volát*il, de sabor dulce, obtenido en la fermentación del azúcar y demás glúcidos. Es parte fundamental en la composición del vino.

Alcohol metílico: Producto secundario de la fermentación. Existe en el vino en muy baja proporción.

Azúcar: Parte fundamental en la composición del mosto, su fermentación alcohólica, precisamente, lo transforma en vino. Los azúcares básicos de la uva son dos: glucosa y fructuosa. También tiene la uva algo de sacarosa (azúcar característica de caña y de remolacha), pero esta pequeña cantidad desaparece por completo durante la fermentación, a diferencia de lo que ocurre con los llamados azúcares reductores, que no fermentan y pasan a formar parte del vino, aunque en muy baja proporción.

Azúcar.

Bazuqueo: Operación que consiste en sumergir el sombrero que se forma en el mosto durante la fermentación, para favorecer el desprendimiento de sustancias aromáticas, colorantes, etcétera.

Blended: Se dice al vino generoso de Porto (Oporto) que se obtiene con la mezcla de vino de la misma región. Envejecen en barrica durante varios años y por ello se caracterizan por su color leonado, tostado.

Bodega: Lugar donde se cría el vino o donde se guarda una vez embotellado. En la bodega, las botellas se colocan en posición horizontal, para que el vino moje los corchos y no se resequen, y con las etiquetas hacia arriba para que se identifiquen sin necesidad de moverlas. La bodega ha de reunir las siguientes condiciones: temperatura estable alrededor de 12 °C; poca ventilación, baja humedad, luz tenue, sin vibraciones ni sacudidas; no tendrá productos con olores fuertes.

Bouquet: Cualidades aromáticas del vino especialmente desarrolladas en el añejamiento.

Brix: Nombre que se le da a los grados que determinan, mediante la densidad de un líquido, su contenido de azúcar (sólidos solubles). Esta escala es muy usada en E.U. Representa el porcentaje de azúcar, un grado brix corresponde a un gramo de azúcar por cien centímetros cúbicos de agua.

Bodega.

Cápsula: Cubierta que se pone al gollete de la botella para proteger el corcho. Las hay de plástico, aluminio, plomo, etc. Sustituye al lacre que se usaba hace años, sobre todo en las botellas de los vinos destinados al envejecimiento.

Cata: Examen organoléptico o sensorial del vino. En ella intervienen básicamente los sentidos de la vista, el olfato y el gusto.

Cepa.

Cepa: Tronco de vid. También se da este nombre a la planta entera.

Chateau: En francés, castillo y, por extensión, los viñedos dependientes de él.

Clarete: Vino de color rojo claro. Se hace como el vino tinto, pero con mezcla de uvas tintas y blancas. También se puede elaborar sólo con uvas tintas; en este caso los hollejos de las uvas se separan del mosto antes de que termine la fermentación alcohólica.

Clarificación: Proceso para mantener la limpidez y estabilidad del vino. También se llama *encolado*. Se hace echando al vino sustancias que pueden ser minerales u orgánicas. Las primeras (tierra de Lebrija, de infusorios, etc.) actúan mecánicamente y arrastran en su caída las sustancias que tiene el vino en suspensión. Las orgánicas (clara de huevo, sangre, gelatina, etc.) son coloides que desarrollan la clarificación por floculación, se dispersan en el vino en partículas muy pequeñas que tienen signo eléctrico positivo, y se unen a los taninos y sustancias similares que hay en el vino, de signo contrario, formando grumos que por su propio peso descienden al fondo del depósito.

Color: El color de las uvas se encuentra en la piel, excepción hecha de las variedades tintoreras que también tienen coloreada la pulpa. El vino toma su color de los pigmentos de la piel de las uvas. Estos pertenecen al mismo grupo químico de los taninos (fenoles); se llaman *antocianos* cuando son rojos y *flavonoides* cuando son amarillos.

Copa: Vaso con pie para beber. Ha de ser de cristal o vidrio fino, no grueso e incoloro. No se llenan de vino; únicamente se sirve en ellas entre la mitad y las dos terceras partes de su capacidad.

Corcho: Corteza de alcornoque. Su plantación se concentra principalmente en la península Ibérica y el área mediterránea. Con él se fabrican los tapones de las botellas.

Coupage: Palabra francesa. Mezcla de *cognacs, brandys* o vinos.

Crianza: Proceso de añejamiento. Hay que distinguir dos fases en la barrica y en la botella. En la primera, a través de los poros de la madera del vino se pone en contacto con el oxígeno, lo que provoca una serie de reacciones y transformaciones que completan el bouquet del vino y mejoran su calidad. En la botella, en un ambiente reductor, el vino sigue evolucionando y afinando sus buenas características.

Cru: En francés, conjunto de viñedos unidos y con características similares. También su vino. Pago.

Decantación: Trasvase del vino desde los posos formados a causa del añejamiento.

Decantador: Recipiente que se usa para efectuar la decantación.

Denominación de origen: Reglamentación oficial del vino que abarca, además del nombre, múltiples aspectos determinantes de sus características y personalidad, zona geográfica, uvas, poda, rendimiento por hectárea, sistema de vinificación, usos enológicos locales, graduación alcohólica, tiempo de añejamiento, etcétera.

Decantador.

Despalillado: Operación consistente en separar de las uvas los raspones o escobajos.

Enología: Conjunto de conocimientos relativos a la elaboración del vino.

Enólogo: Experto en Enología.

Envero: Cambio de color de las uvas cuando se inicia la maduración. Dejan de ser verdes y se vuelven rojizas o amarillentas, según el color de la variedad.

Enólogo.

Estrujado: Molienda. Consiste en romper el hollejo de las uvas para que liberen la pulpa. Se emplea en la elaboración de los vinos tintos, en los que después de esta operación fermenta el mosto en contacto con hollejos. No hay que confundirlo con el prensado.

Fermentación alcohólica: Proceso bioquímico por el que el azúcar del mosto se transforma en alcohol etílico y anhídrido carbónico, además de otras sustancias secundarias, ácido succínico, glicerina, etc. Se realiza en dos fases: tumultuosa y lenta. La primera dura tres o cuatro días y en ella el mosto da la sensación de que hierve; en la segunda, termina la fermentación alcohólica y se realizan varias fermentaciones secundarias, de las que la más importante es la maloláctica.

Fermentación maloláctica: Proceso bioquímico por el que el ácido málico del mosto se transforma en ácido láctico. Con ello el vino se suaviza, comienza a formar el bouquet y pierde acidez.

Filoxera: Pequeño insecto parásito de la vid. Ataca las raíces causando la muerte de la planta. A finales del siglo XIX se extendió por Europa en forma de plaga, provocando la extinción de viñedos, que pudieron renovarse por medio del injerto de la vid europea en pie de vides americanas, cuyas raíces son resistentes a este insecto.

Filtración: Operación muy importante en la elaboración del vino. Tiene por objeto mantener la pureza y sanidad del mismo.

Finca: En Bordeaux, vino elaborado por el mismo cosechero.

Generoso: Vino rico en alcohol. Se obtiene mezclando alcohol vínico con el mosto-vino, durante la fermentación, o con el vino, cuando termina aquélla. En el primer caso, el vino generoso será más o menos dulce según el momento en que se haga la adición, ya que ésta pone fin al proceso de fermentación; así se elaboran muchos vinos de Porto. En el segundo caso, el vino será seco, como sucede con el jerez.

Glicerina: Polialcohol espeso y dulce. Forma parte de la composición del vino.

Injerto: Operación por la que se ponen en contacto partes cortadas de vides distintas para que se fundan sus tejidos y formen una sola planta.

Málico: Ácido que interviene en la composición de la uva. Abunda en el vino cuando interviene la fermentación alcohólica.

Oidium: Hongo perjudicial parásito de la vid.

Orujo: Residuo que se obtiene en el prensado de las uvas y aguardiente que se obtiene de estos residuos.

Piel: Hollejo.

Poda: Operación que consiste en cortar las ramas de la vid para controlar su producción, vigorizar la planta y darle una forma conveniente.

Pruina: Sustancia cerosa que cubre la superficie de la uva, donde se adhieren las levaduras que provocarán la fermentación.

***Sommelier* o *sumiller*:** Experto encargado de todo lo que se relaciona con el vino en restaurantes.

Sulfitado: Mezcla de anhídrido sulfuroso con uvas o su mosto, para mejorar la calidad de la fermentación alcohólica. También se usa como conservador.

Poda.

Tanino: Compuesto orgánico muy astringente abundante en los holejos y pepitas de las uvas, de donde pasa al vino, especialmente al tinto, ya que en la fermentación de éstos están presentes esas dos partes de la uva.

Tartárico, tártrico: Ácido importante en la composición de la uva y del vino.

Temperatura: Para la buena degustación, se recomienda que los vinos tengan al tiempo de beberlos aproximadamente las siguientes temperaturas: blancos semidulces, 4-6 °C; blanco seco, 6-8 °C; espumosos y champagne, 6-8 °C; rosado, 8-10 °C; claretes, 10-12 °C; olorosos y amontillados, 14-15 °C; tintos ligeros, 15-16 °C; tintos con cuerpo, 18-20 °C (chambré).

Trasiego: Paso del vino de una barrica a otra, dejando en la primera los residuos o impurezas que se fueron depositando en su fondo. Con esta operación se mantiene la limpidez y sanidad del vino.

Varietal: Se le dice así en Estados Unidos y México al vino que se denomina con el nombre de la uva que interviene en su composición en una proporción de 60%.

Vendimia: Operación que consiste en recoger las uvas que se hallan en las vides.

Vid: Planta de las especies del género *vitis*, familia de las vitáceas o ampelidáceas, cuyo fruto es la uva.

Vinagre: Producto resultante de la fermentación acética del vino.

Vinicultura: Elaboración del vino.

Viñedo: Tierra plantada de vides.

Viticultura: Cultivo de la vid.

Vitis: Nombre del género al que pertenece la uva. Está dividido en varias especies.

Vitivinicultura: Concepto que abarca el cultivo de la vid y la elaboración del vino.

Viticultura.

Esta obra se terminó de imprimir en julio de 2022
en los talleres de Litográfica Ingramex, S.A. de C.V.
Centeno 162-1, Col. Granjas Esmeralda,
C.P. 09810, México, Ciudad de México